诚信内蒙古建设
——司法公信篇——

本书编写组

内蒙古人民出版社

图书在版编目（CIP）数据

诚信内蒙古建设.司法公信篇/本书编写组编.——呼和浩特：内蒙古人民出版社，2024.3
（诚信内蒙古建设丛书）
ISBN 978-7-204-18038-7

Ⅰ.①诚… Ⅱ.①本… Ⅲ.①司法-工作-研究-内蒙古 Ⅳ.① D648

中国国家版本馆 CIP 数据核字 (2024) 第 057286 号

诚信内蒙古建设·司法公信篇

作　　者	本书编写组
责任编辑	王　静　孙红梅
封面设计	刘那日苏
内文插画	海日瀚　孟　醒
出版发行	内蒙古人民出版社
地　　址	呼和浩特市新城区中山东路 8 号波士名人国际 B 座五楼
网　　址	http://www.impph.cn
印　　刷	内蒙古恩科赛美好印刷有限公司
开　　本	880mm×1230mm　1/32
印　　张	5.25
字　　数	73 千
版　　次	2024 年 3 月第 1 版
印　　次	2024 年 3 月第 1 次印刷
书　　号	ISBN 978-7-204-18038-7
定　　价	24.00 元

如出现印装质量问题，请与我社联系。
联系电话：（0471）3946120

前　言

习近平总书记指出，"'诚信'，就是重规则、守契约、讲信用、言必信、行必果"，"'人而无信，不知其可'；企业无信，则难求发展；社会无信，则人人自危；政府无信，则权威不立"。这些重要论述深刻阐明了诚信的基本内涵和诚信建设的重要性，为社会信用体系建设指明了方向、提供了遵循。

自治区党委十一届七次全会暨全区经济工作会议强调，要聚焦完成"五大任务"，坚持稳中求进、以进促稳、先立后破，全力抓好事关高质量发展的重点任务。全会提出，要实施好对全区经济发展和民生改善具有支撑性、牵引性、撬动性作用的"六个工程"，其中之一就是诚信建设工程。自治区党委把 2024 年确定为"诚信建设提升年"，将用一年时间在全区范围内持续推进诚信建设促进行动，建立健全诚信建设制度机制，推动各级党委和政府信守承诺，统筹推进政务诚信、商务诚信、社会诚信、司法公信建设，引导全社会不断提高诚信意识，树立内蒙古人讲诚信、守信用的正面形象。

为帮助全区广大党员干部深刻理解和系统把握习近平总书记关于诚信建设的重要论述和对内蒙古的重要指示精神，全面贯彻落实自治区党委关于诚信建设的安排部署，自治区党委宣传部组织自治区有关部门和专家学者编写了《诚信内蒙古建设》系列读物。

读物坚持以习近平新时代中国特色社会主义思想为指导，聚焦自治区党委提出的"一个加强、四个提升"工作部署，紧紧围绕贯彻落实《关于在全区开展诚信建设工程的实施方案》，对推进政务诚信、商务诚信、社会诚信、司法公信建设进行深入浅出的阐释解读。读物既致力于讲清政务诚信、商务诚信、社会诚信、司法公信建设"是什么"，又致力于讲透政务诚信、商务诚信、社会诚信、司法公信建设"为什么"，既客观描述"怎么看"我区在诚信建设各领域取得的成就，又结合区情实际探索今后诚信建设各领域"怎么办"，力求做到阐释理论清晰明了、总结成就客观中肯、提出举措务实具体、呈现形式新颖活泼。

新征程新使命呼唤新担当新作为。全区广大党员干部要坚持以习近平新时代中国特色社会主义思想为指导，紧紧围绕中国式现代化的本质要求，以铸牢中华民族共同体意识为主线，以社会主义核心价值观为引领，以中华优秀传统文化为根基，以提高全社会诚信意识和诚信水平为支撑，以持续优化营商环境为目标，扎实推进信用理念、信用制度、信用手段与国民经济体系各方面各环节相融合，引导全社会守信践诺，为办好两件大事，实现闯新路、进中游目标提供有力支撑。

目录

第一章 司法公信概述

一、司法公信的涵义 ··· 3

二、司法公信建设的内容 ·· 8

三、司法公信建设的意义 ······································· 28

第二章 内蒙古司法公信建设取得的成就

第一节 司法公开 ·· 35

一、人民法院"智慧先行",司法公信建设成效显著 ···· 36

二、人民检察院深化检务公开,创新形式丰富内涵 ······· 45

三、人民公安建立常态长效机制,深化执法规范化建设 ··· 60

- 四 司法行政"阳光三务"，构建"透明"法律服务体系……67

第二节 严格执法　公正司法……75

- 一 加强审判能力建设，发挥司法裁决效能……77
- 二 严把四类诉讼关口，提升法律监督质效……79
- 三 紧抓司法行政关键，提高法律服务水平……82
- 四 严格执法精准办案，维护社会治安稳定……92
- 五 重拳打击虚假诉讼，守护公平竞争环境……95
- 六 开展失信联合惩戒，营造诚实守信氛围……100

第三节 司法执行……107

- 一 综合治理，健全治理执行难工作格局……109
- 二 科技赋能，跑出司法执行"加速度"……110
- 三 精准发力，建立完善失信惩戒系统……110
- 四 建章立制，强化执行规范化建设……111
- 五 统一机制，持续加强执行管理……112
- 六 暖心行动，及时兑现解民忧……113

七 合力攻坚，深化执行机制改革……………………115

八 助力攻坚，加强执行公开宣传……………………116

第四节 法律服务行业诚信建设……………………119

一 坚持强化保障，全面构建"六网合一"…………121

二 推动改革发展，提升法律服务质效……………123

三 保障司法公正，强化规范标准建设……………126

第三章 司法公信建设举措

一 坚持党对政法工作的绝对领导，把党的领导贯穿政法工作各方面、全过程……………………133

二 坚持以社会主义法治思想为统领，端正司法理念，筑牢司法公信价值基础……………………135

三 深入推进司法公开制度建设，以公开促公信，畅通司法与社会公众沟通渠道……………………136

四 始终坚持严格执法、公正司法原则，以公平正义提升执法司法质效和公信力……………………138

五 积极适应新形势新定位，健全执行、监督、指导、联动工作机制，提高执行水平……………………142

六 以司法民主促司法公信，充分发挥陪审员、监督员作用，高度重视民意沟通工作……………144

七 以加强队伍建设夯基础，通过专项整治、主题教育、运行监督全面推进司法公信建设…………147

八 坚持正确政治方向，打造诚实守信内蒙古法律服务行业队伍………………………………149

后　记……………………………………………………155

第一章 司法公信概述

习语金句

司法是维护社会公平正义的最后一道防线。我曾经引用过英国哲学家培根的一段话,他说:"一次不公正的审判,其恶果甚至超过十次犯罪。因为犯罪虽是无视法律——好比污染了水流,而不公正的审判则毁坏法律——好比污染了水源。"这其中的道理是深刻的。如果司法这道防线缺乏公信力,社会公正就会受到普遍质疑,社会和谐稳定就难以保障。因此,全会决定指出,公正是法治的生命线;司法公正对社会公正具有重要引领作用,司法不公对社会公正具有致命破坏作用。

——习近平2014年10月20日在党的十八届四中全会上作的《关于〈中共中央关于全面推进依法治国若干重大问题的决定〉的说明》

引经据典

灋，刑也，平之如水，从水；廌，所以触不直者去之，从去。

——《说文解字》

治狱如水。

——《新论》

一、司法公信的涵义

党的十七届六中全会首次提出大力推进司法公信建设。党的十八大报告把"司法公信力不断提高"作为全面建成小康社会和全面深化改革开放的重要目标，明确提出要加强司法公信建设。同时，党的十八大报告指出，"深入开展道德领域突出问题专项教育和治理，加强政务诚信、商务诚信、社会诚信和司法公信建设。"司法公信被纳入依法治国、诚信建设的顶层设计，全面部署推动建设。

何为司法公信？《中国大百科全书·法学》中对"司法组织"的释义是："广义的司法组织包括法院、检察院和司法行政机关（司法部门）；还包括提供司法协助的社会组织，如律师协会、仲裁组织等具有准司法诉讼功能的社会组织。狭义的司法组织包括法院组织和检察组织。"按照我国的司法体制，司法机关不仅包括广义的司法组织，还包括公安机关、国家安全机关。《中国共产党政法工作条例》进一步明确了政法单位是党领导下从事政法工作的专门力量，主要包括审判机关、检察机关、公安机关、国家安全机关、司法行政机关等单位。

司法公信的"公"，其本义是公正、无私。在司法实践中，"公"既要求司法机关"公正"，要严格执法、公正司法；也要求司法机关活动"公开"，并为社会公众参与提供所需的公共平台；同时还要求"公平"，使公众信任司法机关，认同司法活动和司法结果。

第一章 司法公信概述

司法公信的"信",其本义是诚实、不欺。在司法实践中,要求司法机关及其司法活动公平公正、廉洁高效,能动回应社会对司法的需求和公众对司法的关切,依法维护社会公平正义,进而使公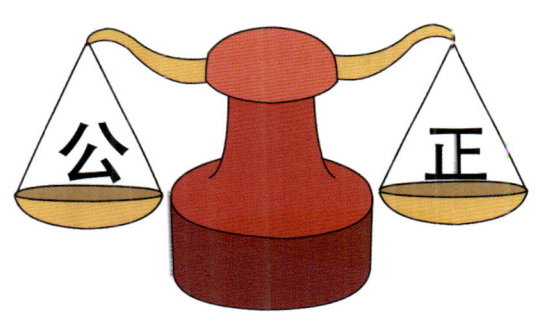众信任司法机关、信服司法活动结果。

综上所述,司法公信的基本内涵是:在司法活动中,司法机关与社会公众之间为保证司法权公正、公平、廉洁、高效行使而表现出的相互作用,即责任与信任。基于责任,司法机关不断健全确保司法权公正、公开、高效运行的内部机制和确保社会公众了解司法、参与司法、监督司法的外部平台,逐步增强赢得社会公众理解和信任的能力,并对社会公众产生影响力、号召力和引导力。基于信任,社会公众在遇到重大、疑难的矛盾纠纷时,更倾向于选择到司法机关解决,自愿接受司法机关按照法定程序所作出的裁判的约束,并主动履行裁判确定的法律义务。同时,社会公众对司法机关和司法程序的信任程度以及对司法决策的尊重和认可程度不因个案裁判不公或个别司法裁判人员违规腐败而发生改变。

　　司法公信是社会诚信的基本保障,其内涵体现了中国特色社会主义法治建设和诚信建设的有机结合。诚信是中华民族的传统美德,是社会主义核心价值观的道德基石。在新的历史时期,诚信被赋予了新的内涵和效力,其精神实质与社会主义法治精神有机统一。司法公信由司法活动体现出的责任衍生出公众对司法的信任，使其内心自觉遵从法治，遵守诚实守信原则，实现了法律的规范作用与道德的教化作用有机融合。同时，司法公信建设内容在诚信建设与法治建设领域内具有高度一致性。

我国的司法机关

国家在对司法权的配置中形成了以司法机关为核心的各有关机关之间的职能划分、组织体系及相互关系，这种有机联系的整体就是我们通常所说的司法体制，它是国家政治体制的重要组成部分。

一般理解，我国的司法机关包括"公检法司安"机关。"公"指公安机关，"检"指检察机关（人民检察院），"法"指审判机关（人民法院），"司"指司法行政机关，"安"指国家安全机关。"公检法司安"机关根据职能依法履行不同职责。在我国，公安机关、国家安全机关和司法行政机关虽然是行政机关，但也承担部分司法方面的职能，人民法院和人民检察院是专门行使审判权和检察权的司法机关。由于各机关的性质和产生方式不同，因此在人民代表大会会议上，人民法院、人民检察院直接向人大报告工作，公安机关、国家安全机关和司法行政机关的工作情况则体现在政府的工作报告当中。

二、司法公信建设的内容

习近平总书记强调，"公生明，廉生威"，"要扭住职业良知、坚守法治、制度约束、公开运行等

环节,坚持不懈、持之以恒地抓"。党的二十大报告指出,"加快建设公正高效权威的社会主义司法制度,努力让人民群众在每一个司法案件中感受到公平正义。"司法公信是司法以公正高效权威获得的客观评价,也是衡量人民群众对司法认可与信任的重要标尺。《社会信用体系建设规划纲要(2014—2020年)》从法院公信建设、检察公信建设、公共安全领域公信建设、司法行政系统公信建设、司法执法和从业人员信用建设、健全促进司法公信的制度基础六个方面全面阐释了大力推进司法公信建设的重要内容。《内蒙古自治区人民政府关于加快社会信用体系建设的意见》从推进司法公开、规范司法行为、加强司法执业从业人员信用建设三个方面进一步明确了深化内蒙古司法公信建设的主要任务。在推进国家治理体系和能力现代化新进程中,需要不断深化对法治建设、诚信建设的认识和理解,结合区情实际,围绕中心工作,全面把握理解司法公信建设的内容与重点。

（一）深化司法公开

习近平总书记强调："执法司法越公开，就越有权威和公信力。"司法公开是一种自信、一种力量，是树立司法权威、提升司法公信力的重要途径。司法公开可以全面保障人民群众的知情权、参与权、表达权和监督权，使司法权在阳光下运行，在规范和监督下运行。

构建开放、动态、透明、便民的阳光司法机制，既是新时代深化司法体制综合配套改革的重要内容，也是落实党的二十大报告提出的"强化对司法活动的制约监督"要求的重要举措。随着经济社会的发展，人民群众对司法公开有了更高的要求。司法机关要增强主动公开、主动接受监督的意识，完善机制、创新方式、畅通渠道，依法及时公开执法司法依据、程序、流程、结果和裁判文书，全方位提高司法透明度，让暗箱操作没有空间，让司法腐败无处藏身。

西周时期，《尚书·吕刑》对司法官的贪腐行为规定了明确的法律责任——"五过之疵"，即徇私枉法的五种行为（惟官、惟反、惟货、惟内、惟来）。秦朝对司法官的"失刑""不直""纵囚"行为进行处罚。唐律则规定了"出入人罪"，对轻罪重判或者重罪轻判的司法官予以惩罚。此后，宋元明清法律都规定了司法官"出入人罪"应承担的责任。司法官责任制为司法权的行使套上了"枷锁"，一定程度上防止了司法权的滥用，有利于保障司法公正的实现。

人民法院要进一步深化立案公开、庭审公开、执行公开、听证公开、文书公开、审务公开，加强法院审判信息互联互通，建立针对社会公众、诉讼当事人不同主体的信息公开体系。推进强制执行案件信息公开，健全执行联动机制。

人民法院司法公开

1. 立案公开。立案阶段的相关信息应当通过便捷、有效的方式向当事人公开。各类案件的立案条件、立案流程、法律文书样式、诉讼费用标准、缓减免交诉讼费程序、当事人重要权利义务、诉讼和执行风险提示以及可选择的诉讼外纠纷解决方式等内容，应当通过适当的形式向社会和当事人公开。

《最高人民法院关于推进司法公开三大平台建设的若干意见》

2. 庭审公开。建立健全有序开放、有效管理的旁听和报道庭审的规则，消除公众和媒体知情监督的障碍。依法公开审理的案件，旁听人员应当经过安全检查进入法庭旁听。

中国庭审公开网

3. 执行公开。执行的依据、标准、规范、程序以及执行全过程应当向社会和当事人公开，但涉及国家秘密、商业

中国执行信息公开网

秘密、个人隐私等法律禁止公开的信息除外。

4. 听证公开。人民法院对开庭审理程序之外的涉及当事人或者案外人重大权益的案件实行听证的,应当公开进行。人民法院对申请再审案件、涉法涉诉信访疑难案件、司法赔偿案件、执行异议案件以及对职务犯罪案件和有重大影响案件被告人的减刑、假释案件等,按照有关规定实行公开听证的,应当向社会发布听证公告。听证公开的范围、方式、程序等参照庭审公开的有关规定。

5. 文书公开。裁判文书应当充分表述当事人的诉辩意见、证据的采信理由、事实的认定、适用法律的推理与解释过程,做到说理公开。除涉及国家秘密、未成年人犯罪、个人隐私以及其他不适宜公开的案件和调解结案的案件外,人民法院的裁判文书可以在互联网上公开发布。

中国裁判文书网

中国审判流程信息公开网

6. 审务公开。人民法院的审判管理工作以及与审判工作有关的其他管理活动应当向社会公开。

人民检察院要进一步深化检务公开，创新检务公开的手段和途径，广泛听取群众意见，保障人民群众对检察工作的知情权、参与权、表达权和监督权。继续推行"阳光办案"，严格管理制度，强化内外部监督，建立健全专项检查、同步监督、责任追究机制，充分发挥法律监督职能作用。

检务公开

1. 检察案件信息。全面落实《人民检察院案件信息公开工作规定》，主动及时发布重要案件信息，网上公开生效法律文书，依申请公开案件程序性信息。主动公开具有指导性、警示性、教育性的典型案例，以及对久押不决、超期羁押问题和违法或不当减刑、假释、暂予监外执行的监督纠正情况。

2. 检察政务信息。主动公开检察机关的性质任务、职权职责、机构设置、工作流程等与检察职能相关的内容，检察工作报告、专项工作报告，检察工作重大决策部署、重大创新举措、重大专项活动等内容，检察改革进展情况，与检察机关司法办案有关的法律法规、司法解释及其他规范性文件，违反规定程序过问案件的情况和检察机关接受监督的情况，检察统计数据及综合分析，年度部门预算、决算。

3.检察队伍信息。主动公开检察机关领导班子成员任免情况，检察委员会委员、检察员等法律职务任免情况，领导班子成员分工情况，机构和人员编制情况，检察人员统一招录和重要表彰奖励情况，检察机关有关队伍管理的纪律规定，检察人员违法违纪的处理情况和结果。

4.公开内容的例外。涉及国家秘密、商业秘密、个人隐私、未成年人犯罪和未成年被害人的案件信息，以及其他依照法律法规和最高人民检察院有关规定不应当公开的信息，不得公开。当事人申请不公开且理由符合法律规定的，不向社会公开。

公安机关要着力建立执法公开的长效运行机制，全面推行"阳光执法"，依法及时公开执法办案的制度规范、程序时限等信息。加强公共安全领域信息同各地区、各部门信息资源的交换与共享。

警务公开（对内公开）

1. 领导干部履职和廉洁自律情况。
2. 内部财务收支情况，工程招投标和政府采购等情况。
3. 干部考核、奖惩、任免、晋升、工资调整等情况。
4. 涉及民警、职工切身利益的其他重要事项。

警务公开（对外公开）

1. 执法依据、制度和程序。主要包括：（1）公安机关的性质、任务、职责和权限（非涉密）；（2）公安机关和人民警察执法活动的原则、执法依据、办案程序、执法制度、工作制度和要求；（3）公安机关受理举报、控告、申诉、行政复议、国家赔偿等事项范围、申请条件、法定程序、救济渠道等制度规范。

2. 刑事执法公开。主要包括：（1）公安机关管辖刑事案件的范围、执法职权、办案程序和立案标准；（2）犯罪嫌疑人、被害人、证人、鉴定人、翻译人员依法享有的权利和义务；（3）律师在侦查阶段参与刑事诉讼的权利、义务。

3 行政执法公开。主要包括：（1）公安机关行政执法的范围和职权；（2）办理户口、居民身份证、车辆牌证和机动车驾驶证、出国出境证照等公安行政许可、非行政许可审批、备案类事项有关制度、程序、时限、收费依据、收费标准、投诉方式；（3）公安机关行政处罚的权限、时效和当事人依法享有的权利；（4）特种行业管理、许可、检审情况；（5）公安机关实施行政强制措施的种类及依据；（6）公安机关依法适用公开听证的程序、要求。

4. 向特定对象公开。执行公安部和公安厅有关执法公开工作规定，依法向受害人及其近亲属、委托人、报案人等，主动告知办案单位、联系方式及案件受理、立案、破案、移诉、嫌疑人处理、办案结果等信息；对旅馆、网吧、娱乐场所、商场等行业，及时公开执法检查、处罚等管理情况；对办理的刑事、行政、行政复议、国家赔偿、信访等案件，依法定的告知方式、时限要求等，及时向当事人或其家属、监护人以及第三人告知采取强制措施和案件办理进展、结果等；对公安机关的行政管理活动，依法依规向行政管理相对人告知行政管理检查情况、违反行政管理行为等。

5. 警务工作纪律公开。主要包括：（1）公安机关和人民警察的执法、管理、服务的纪律规范、要求；（2）对公安机关和人民警察违法违纪行为进行举报、控告、监督的途径、方法等。

6. 其他情况公开。公安机关推出的便民利民举措及相关承诺事项；公安交通技术监控设备设置信息，公安机关采取的限制交通措施、交通管制和现场管制信息；辖区治安状况、消防和道路交通安全及毒情等形势、安全防范预警信息；涉及公共利益、社会高度关注的重大案件进展及处理结果，公安机关组织开展的打击整治违法犯罪等重大行动情况等。

司法行政机关要大力推进司法行政信息公开，进一步规范和创新律师、公证、基层法律服务、法律援助、法律职业资格考试、司法鉴定等信息管理和公开手段，保障人民群众的知情权。

知识扩展

狱务公开

狱务公开根据社会公众、罪犯近亲属和罪犯等公开对象的不同需求,采取分类公开、逐步扩大公开内容的方法。

对社会公众,主要公开监狱执法、管理过程中的条件和程序,以及监狱罪犯减刑、假释、暂予监外执行结果等22项社会关注度较高的、监狱执法领域的重点、热点内容。

对罪犯近亲属,除向社会公众公开的内容外,还应依法公开监狱对罪犯实行分级处遇、考评、奖惩等10项具体涉及罪犯权利义务的个人服刑信息。

对罪犯,除向社会公众和罪犯近亲属公开的内容外,还应以监区或分监区为单位,向罪犯依法公开监狱执行刑罚和管理过程中的法律依据、程序、结果,以及对结果不服或者有异议的处理方式等执法、管理信息。

不得公开涉及国家秘密和个人隐私的信息,以及可能妨害正常执法活动或者影响社会稳定的执法信息。

同时,司法民主是司法公开的内在要求。习近平总书记指出,"始终保持同人民群众的血肉联系,始终接受人民批评和监督,始终同人民同呼吸、共命运、心连心"。提升司法民主,要切实落实人民陪审员、人民监督员制度,广泛邀请人大代表、政协委员、廉政监督员参与庭审观摩、公开听证、见证执行等执法司法活动,常态化开展"开放日"活动,自觉接受人民群众监督。

(二)坚持严格执法、公正司法

习近平总书记指出,"公正司法是维护社会公平正义的最后一道防线","如果司法这道防线缺乏公信力,社会公正就会受到普遍质疑,社会和谐稳定就难以保障"。习近平总书记进一步强调:"政法机关要完成党和人民赋予的光荣使命,必须严格执法、公正司法。"公平正义是社会主义法治的价值追求,也是诚信的核心要义。严格执法、公正司法是提升司法公信力的前提和基础,是司法公信建设的核心关键。推进公正司法,必须与严格执法有机贯通起来,作为一个总体性的要求来强调,作为一项长期的任务来落实。司法机关要树立正确的司法理念，把打击犯罪与保障人权、追求效率同实现公正、司法目的与司法形式有机统一起来，努力实现最佳的法律效果、政治效果、社会效果。

人民法院要着力规范执法尺度和法官自由裁量权的行使，加强审判管理，建立定期分析研判执法司法质量状况机制。加大对诉讼失信行为的打击和惩治力度。完善司法纠错机制，依法纠正冤错案件。

人民检察院要健全行政执法和刑事司法衔接机制，强化刑事立案、侦查活动和审判活动监督。加

强检察机关与监察机关办案衔接和配合制约,完善刑事执行和监管执法监督。精准开展民事诉讼监督,全面深化行政检察监督,积极稳妥推进公益诉讼检察。完善审判监督工作机制,进一步提升法律监督效能。

公安机关要聚焦法治公安建设目标,坚持严格规范公正文明执法,健全完善执法制度体系,推动重点领域公安立法,不断完善执法标准,规范执法程序,减少执法的随意性。严格执法监督管理,把内部监督与外部监督制约有机结合、统筹推进,深化受案立案改革,强化对执法办案全过程的质量把控。建立健全执法全流程记录制度,实现对执法活动的全过程留痕、可回溯管理。健全完善公安机关、检察机关协作配合和制约监督机制,自觉接受各方面监督。

司法行政机关要加快职业化、制度化、规范化建设进程,重点加强规范刑罚执行、强制戒毒、社区矫正、司法鉴定、律师管理、法律援助等方面的建设。大力整治重点领域行政执法不作为、执法不严格不规范不文明不透明等突出问题,开展行政执法监督专项行动。

同时,司法廉洁是严格执法、公正司法的必然要求。习近平总书记指出,"当前,司法领域存在的主要问题是,司法不公、司法公信力不高问题十分突出,一些司法人员作风不正、办案不廉,办金钱案、关系案、人情案,'吃了原告吃被告',等等","执法司法是否具有公信力,主要看两点,一是公正不公正,二是廉洁不廉洁"。廉洁是司法人员的底线,只有守好廉洁底线,才能把好司法公正的大门,才能维护司法权威、获得群众信任,才能促进经济社会健康和谐发展。要严格执行防止干预司法"三个规定",落实法官、检察官惩戒制度,落实司法工作人员离任从业规范和司法工作人员近亲属禁业清单规定。

知识扩展

防止干预司法"三个规定"

防止干预司法"三个规定"包括：2015年3月中共中央办公厅、国务院办公厅印发的《领导干部干预司法活动、插手具体案件处理的记录、通报和责任追究规定》，2015年3月中央政法委印发的《司法机关内部人员过问案件的记录和责任追究规定》，2015年9月最高人民法院、最高人民检察院、公安部、国家安全部、司法部联合印发的《关于进一步规范司法人员与当事人、律师、特殊关系人、中介组织接触交往行为的若干规定》。

概括来说，防止干预司法"三个规定"规定领导干部和司法机关内部人员不得干预司法，为具体案件说情、打招呼；司法人员自身也不能与当事人、律师、特殊关系人、中介组织不正当接触交往，如接受吃请、泄露案情等。

> 防止干预司法"三个规定"为公正廉洁司法提供了有力的制度保障,是司法人员依法办案的"守护者",更是促进社会公平正义的"安全阀"。

(三)加大司法执行力度

习近平总书记指出:"推进全面依法治国,根本目的是依法保障人民权益。"司法为民是人民司法的本质属性,也是司法机关的根本宗旨。司法执行属于国家强制力在司法领域的集中体现,不仅关

系到诉讼利益能否得到兑现，而且事关国家司法权威。司法执行贵在速度，赢得速度就取得了案件处置的主动权，就牵住了统筹全局的"牛鼻子"。只有提升执行效率与执行质量，才能取得法律效果和社会效果的有机统一，才能切实保障人民权益，赢得民心、顺应民意。为此，司法机关对于恶意拒执等阻挠行为要始终保持零容忍，重点出击、集中整治、各个突破，通过制度创新和机制探索，在执行个案中不断增强执行的力度和强度。

人民法院要依法妥善审理涉行政合同、行政允诺、行政赔偿案件，加强司法建议工作，完善政府依法诚信履约机制。发挥审判职能作用，鼓励诚信交易，倡导互信合作，制裁商业欺诈和恣意违约毁约等失信行为，引导诚实守信风尚。

司法机关要深化执行联动机制建设，持续开展执行攻坚行动，提高执行到位率。加大联合惩戒力度，建立常态化打击拒执违法犯罪工作机制，强化对执行生效裁判的法律监督，依法维护当事人合法权益。

（四）加强法律服务行业诚信建设

习近平总书记指出，讲仁爱、重民本、守诚信等思想，不论过去还是现在，都有其永不褪色的价值。党的二十大报告指出："弘扬诚信文化，健全诚信建设长效机制。"守信用、讲诚信是中华民族的传统美德，是现代社会良性运行的基础。作为中国传统伦理之一，诚信对各行各业有着深远影响，是每个行业必须坚守的道德底线。法律服务行业直接服务于人民群众工作生活，诚信执业是法律服务行业的生命线，是从业人员的立业之本、执业之基。法律服务行业应当诚实守信、勤勉尽责，依据事实和法律，维护当事人合法权益，维护法律正确实施，维护社会公平正义。

具体来说，要完善法律服务机构和从业人员执业档案，建立法律服务行业信用信息共享、公示、查询机制，依法依规将徇私枉法以及不作为等不良记录纳入档案，并作为考核评价和奖惩依据。强化对律师事务所、公证处、基层法律服务所等机构人员的监督，定期组织年度考核，保障群众知情权、监督权。推动公证机构、法律援助等服务窗口提升服务水平。

基层法律服务所

基层法律服务所是在乡镇和街道设立的法律服务组织，是基层法律服务工作者的执业机构。基层法律服务所按照司法部规定的业务范围和执业要求，面向基层的政府机关、基层群众性自治组织、企业事业单位、社会组织和承包经营户、个体工商户、合伙组织以及公民提供法律服务，维护当事人合法权益，维护法律正确实施，促进社会稳定、经济发展和法治建设。

三、司法公信建设的意义

"立善法于天下，则天下治；立善法于一国，则一国治。"在聚焦坚持全面依法治国，建设中国特色社会主义法治体系，推进诚信中国建设进程中，司法公信建设具有举足轻重的作用。

（一）司法公信是司法权威的体现

司法机关是否有公信力，是否为人民所信赖，关系到司法解决社会矛盾的效力和能力，关系到国家制定法能否被社会公众所接受。在法治社会，司法权不是以单纯的暴力强制表现出来并发挥作用的；相反，以司法公信为根本依托，以司法强制力为辅助手段，才是中国特色社会主义司法权的正常存在状态。因此，树立司法权威、维护司法尊严，需要不断提升司法公信力。

（二）司法公信是依法治国的前提

法治强调法律至上，法律的至高无上是通过司法公信来体现的。法治社会的核心价值是通过法律来规范社会行为，维护社会秩序和公平正义。具有公信力的司法才能赋予法律以生命力，而司法公信的存在和维护，能够增强人民对法律和法治的认同感和遵从意识，司法公信建设对于实现全面依法治国、建设法治社会具有至关重要的意义。

(三)司法公信是和谐社会的需要

司法所要解决的纠纷直接关系到法律的兑现和社会秩序的稳定与和谐,司法没有公信力,就没有平稳、良好的社会秩序。一个司法公信力较高的国家,能够保障公民的合法权益,维护社会正义,从而减少社会矛盾和纠纷的发生。人民对司法机构的信任感和依赖感,有助于他们通过合法途径解决纠纷,避免非法行为和社会动荡发生。司法活动的目的之一是平息纷争,使利益对立方有可能共同得到法律的保护。司法机关的裁判是社会公平正义的"最后一道防线",是捍卫诚信的"最后一道防线"。

(四)司法公信是培育和践行社会主义核心价值观的保障

价值观是人与人之间、国与国之间、文明与文明之间的根本差异,是决定国家富强、社会进步、个人发展的文化"软实力"。定分止争的司法活动往往始于价值观的冲突,止于价值观的弥合,司法实际上是一种彰显、保障主流价值观的社会活动。

因此，司法公信只有岿然如灯塔，才能使社会主义核心价值观行稳致远。

（五）司法公信是社会信用体系建设的基石

在推进国家治理体系和治理能力现代化的伟大征程中，诚信所具有的重要价值以及现阶段构建社会信用体系的艰巨性、复杂性决定了必须依托司法的强制力。同时，司法机关因其特殊的职能作用，只有擦亮明辨真伪的眼睛，高举惩恶扬善的利剑，牢牢守住司法公正的生命线，坚决整治各种不诚信行为，才能为人民群众提供一个抱诚守真、言而有信的良好司法环境，全面推进社会诚信体系建设。因此，司法公信是社会信用体系建设的重要内容之一。

> **延伸阅读＞**
> 1.《关于全面推进政务公开工作的意见》。
> 2.《中共中央 国务院关于深入推进城市执法体制改革改进城市管理工作的指导意见》。

3.《关于全面深化公安改革若干重大问题的框架意见》。

4.《中共中央关于全面推进依法治国若干重大问题的决定》。

5.《内蒙古自治区人民政府关于加强法治政府建设的实施意见》。

6.《内蒙古自治区贯彻〈法治社会建设实施纲要（2020—2025年）〉落实举措》。

第二章 内蒙古司法公信建设取得的成就

习语金句

　　解决好立法、执法、司法、守法等领域的突出矛盾和问题，必须坚定不移推进法治领域改革。要紧紧抓住全面依法治国的关键环节，完善立法体制，提高立法质量。要推进严格执法，理顺执法体制，完善行政执法程序，全面落实行政执法责任制。要支持司法机关依法独立行使职权，健全司法权力分工负责、相互配合、相互制约的制度安排。要加大全民普法力度，培育全社会办事依法、遇事找法、解决问题用法、化解矛盾靠法的法治环境。

——习近平2018年8月24日在中央全面依法治国委员会第一次会议上的讲话

第一节　司法公开

习近平总书记强调:"要坚持以公开促公正、以透明保廉洁,增强主动公开、主动接受监督的意识,让暗箱操作没有空间,让司法腐败无法藏身。"司法公开是法治社会的重要标志,是司法体制改革的重要内容。党的十八大以来,内蒙古政法机关深入推进司法体制改革,顺应社会主义民主法治建设要求,下大力气推进执法司法公开,畅通公开渠道、创新公开方法,积极构建开放、动态、透明、便民的阳光执法司法新机制,不断提高执法

司法透明度和公信力。充分运用现代信息技术,深入推进审务、检务、警务、狱务公开,实现司法公

开和司法公正的高度契合；出台一系列文件，对执法司法公开的内容、范围等作出明确规定，避免公开的随意性，确保公开的规范性。

一、人民法院"智慧先行"，司法公信建设成效显著

"以公开促公正树公信"，"让公平正义以看得见的方式实现"。党的十八大以来，我国各级法院司法公开的范围、广度、深度不断拓展，形式、渠道不断创新，其规范化、制度化、信息化水平显著提升，基本形成了开放、动态、透明、便民的阳光司法机制。在公开范围上，不仅公开庭审过程、判决结果，

也公开审判流程和生效判决执行情况；不仅公开判

决的最终结果，也公开裁判理由；不仅向当事人和诉讼参与人公开，也向社会公开；不仅公开庭审信息，也公开司法政务等司法活动相关信息。在公开形式上，推动司法公开与诉讼服务全面对接，建成了人民法院在线服务平台，群众除了通过旁听庭审、浏览网页、查阅报刊等传统形式外，现在只要拥有一部智能手机，就可以随时随地了解司法活动的相关信息，使人民群众参与、监督和评价司法过程更加便捷高效。在公开渠道上，除了传统媒体、政务网站、白皮书、新闻发布会，还有12368诉讼服务热线、微博、微信，还建立了审判流程、庭审活动、裁判文书、执行信息四大公开平台，形成了多样化的司法公开格局。

内蒙古各级人民法院始终坚持提升司法公开程度，保障人民群众对司法活动的知情、参与、表达、监督权，努力让人民群众在每一个司法案件中都感受到公平正义。目前，全区法院的司法公开已经成为当事人和社会公众了解司法、接近司法、开展法律研究的重要途径。

（一）新媒体助力，司法公开内容日趋完善

全区法院自觉主动适应媒体舆论新发展新变化，搭建平台，丰富载体，不断加强新媒体运营，逐步完善官方网站、官方微博、官方微信"三位一体"的自主宣传模式，从传统媒体的常态报道到新媒体的个性播报，从法院工作动态到重大案件审理，从先进典型经验分享到最新法律法规转发，始终坚持以群众看得懂、听得明白的方式解读法院工作。自治区高级人民法院官方网站设立"法院要闻""法院动态""案件快报""执行动态""法学实务""先进典型""诉讼指南""法苑文化""法院公告""法律法规"等多个专栏进行宣传报道，并可实现裁判文书公开、审判流程查询、执行信息查询、庭审直播公开、失信被执行人公开、司法数据公开，司法公开在法院各项工作中的作用日益凸显，为推动法院工作高质量发展提供了坚实有力的保障。

中国法院网

典型案例

巴彦淖尔市乌拉特后旗人民法院
邀请 30 余名旗人大代表、政协委员走进法庭

为进一步主动接受人大、政协监督，加强法院与代表、委员的联系沟通，增进社会各界对法院工作的了解，2023 年 9 月 21 日上午，乌拉特后旗人民法院邀请 30 余名旗人大代表、政协委员走进法庭，旁听一起职务犯罪案件庭审。

庭审前，法官助理向代表、委员们简要介绍案件基本情况及庭审各个阶段的主要庭审任务。庭审中，法庭严格按照庭审程序进行了法庭调查、法庭辩论、最后陈述等环节。

庭审结束后，代表、委员们一致认为，整个庭审节奏紧凑、程序规范，充分保障了被告人的诉讼权利。审判人员总结争议焦点准确，查明案件事实高效，展现了良好的庭审驾驭能力。同时希望乌拉特后旗人民法院继续加大审判公开力度，增强法院审判工作透明度，提升司法公信力。

阳光是最好的防腐剂，乌拉特后旗人民法院开展

> "代表委员开放月"活动以来,多次邀请代表、委员参与案件调解、旁听庭审、见证鉴定现场,多措并举邀请代表、委员"沉浸式"体验法院工作,以"点评+建议"的方式增进代表、委员对法院工作的理解、支持和认同,切实发挥代表、委员的监督作用。
>
> 文章来源:《"代表委员开放月"邀请代表委员旁听庭审,让司法在阳光下运行》内蒙古自治区高级人民法院网站(有改动)

(二)智慧引领,司法公开建设高效推进

信息化是人民法院工作实现高质量发展的重要标志,"智慧法院"建设是推动实现人民法院工作高质量发展的重要途径。2018年以来,全区法院初步建成以"人民法院在线服务平台"为核心的一站式多元解纷体系。"人民法院在线服务平台"

第二章 内蒙古司法公信建设取得的成就

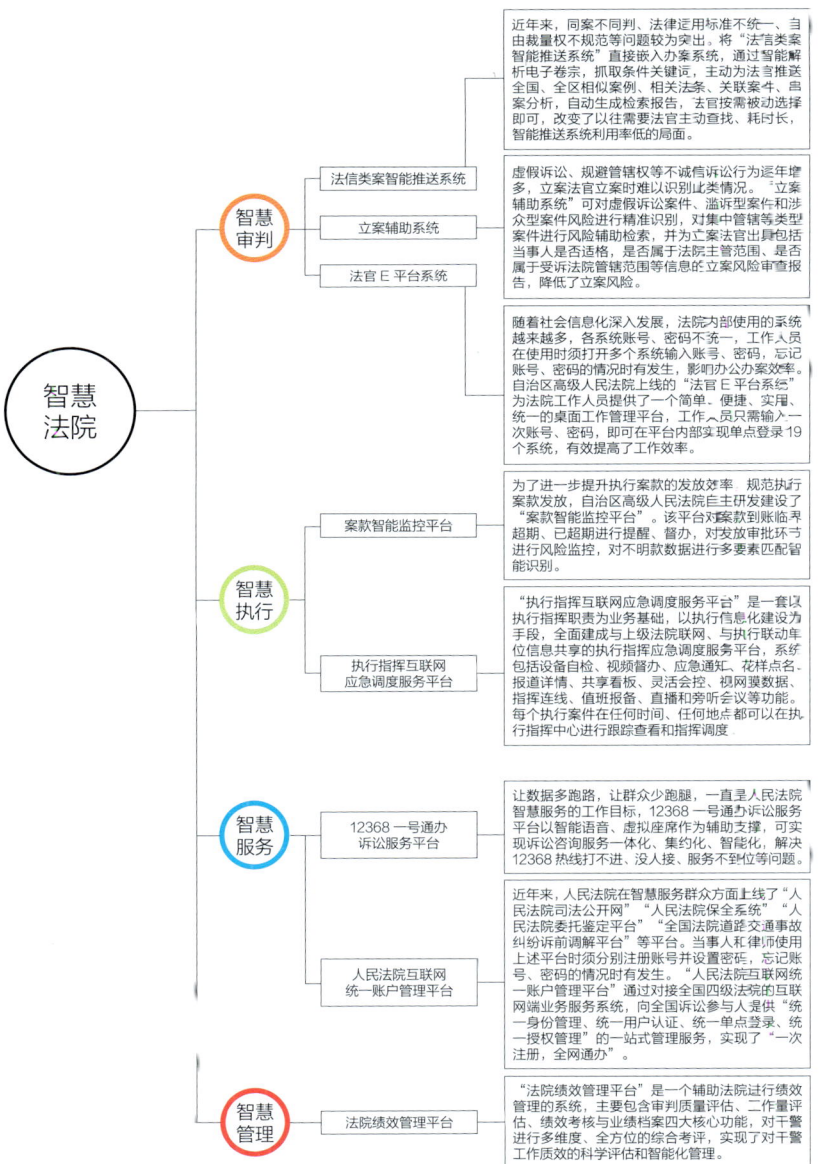

是依托微信小程序打造，集成各类诉讼服务的门户应用，让人民群众在手机端轻松实现网上立案、跨域立案和线上缴费，服务涵盖调解、保全、鉴定、送达等环节，基本实现了诉讼业务全流程"一网通办"。全区法院还积极推动建设和完善多元化的服务渠道，统一开通12368诉讼服务热线，使联系各地法院无须加拨区号就可以实现"一号通办"。深化巡回法庭改革和建设，完善"便携式法庭""移动办案包"等移动终端，为上门解纷，就地立案，就地开庭、当庭调解、当庭结案提供有力技术支持。

2018年以来，全区法院通过将大数据、人工智能等先进技术融入办案系统，应用智能辅助模块，切实减轻法官和司法辅助人员事务性负担，减少重复性工作，使其能够将精力集中在审判业务上，提高案件办理质效。全区统一部署的电子卷宗智能服务系统，让法官可以随时在线阅览卷宗、查找资料、了解案件信息。该系统提供OCR识别、信息自动回填、文书纠错、智能校对等功能，大幅减少了辅助人员信息录入工作量和机械重复操作。推广"庭审语音识别应用",把庭审语音同步转化成文字,并生成庭审笔录,书记员只需对语音转化的内容进行校对、编辑即可完成庭审笔录。同时还可以对庭审活动全程留痕,客观、真实、及时、准确地反映庭审的全部内容,从根本上解决了记录不全、庭后需反复确认、耗费时间长等问题,提高了工作效率。

全区法院在应用大数据、人工智能技术提供知识服务方面也取得了明显进展。依托自建大数据平台,自主开发了行政诉讼案件数据库,内外网同时为法官工作提供智能辅助,为群众提供查阅服务,助力行政机关依法行政。自治区高级人民法院作为最高人民法院指定的全链条要素式审判试点单位,实现民间借贷、信用卡、物业合同事实要素智能采集提炼。应用"法信类案智能推送系统",提升工作效率。2022年,自治区高级人民法院推出"智慧审判""智慧执行""智慧服务""智慧管理"四大模块协同系统、智慧终端,让法官在科技的力量下跑出"加速度",让人民群众享受到更加便利的司法服务。目前,"智慧法院"已经成为内蒙古法院一张响亮的名片。

(三)科技赋能,司法公开技术不断更新

向数字技术要司法生产力,全区法院进一步创新前沿技术在审判实务中的应用场景,在技术赋能审判执行提质增效方面成效显著。2022年2月,自治区高级人民法院建立了内蒙古法院区块链证据核验中心。内蒙古多起案例显示,区块链司法应用极大地降低了企业及人民群众的诉讼成本,使当事人上传证据更为便捷,提高了案件办理效率,及时维护了企业的合法权益,充分利用智慧法院建设成果为服务保障高质量发展赋予司法新动能。为了使区块链司法应用在全区法院系统应用,为全国法院区块链司法应用建设贡献内蒙古力量,2022年11月,自治区高级人民法院印发《全区法院加强区块链司法应用专项工作方案》,提出了28项具体工作措施,设计了26个立即开展的上链节点和应用场景、19个中长期规划的上链节点和应用场景,并在全区法院线上线下同步培训,加强推广应用。自治区高级人民法院充分应用区块链数据防篡改技术,将诉前调解中的程序性文书送达信息、调解笔录、调解协议、司法确认申请书、自定义庭审行为、庭审笔录和电子签名、一般文书及"三书"(调解书、判决书、裁定书)、电子送达签收信息、执行案件影像卷宗等九个方面的司法数据上链存储并应用。

二、人民检察院深化检务公开,创新形式丰富内涵

1998年10月,最高人民检察院印发《关于在全国检察机关实行"检务公开"的决定》,向社会公布"检务公开"十个方面内容。1999年1月,最高人民检察院印发《人民检察院"检务公开"具体实施办法》,要求各级人民检察院采取多种形式向社会宣传检务公开的内容,对具有较大社会影响、公众关注的重

大刑事案件的查办情况,在逮捕或提起公诉后,适时予以报道。2021年2月,最高人民检察院印发《检务公开工作细则》,对公开的原则、主体、范围、方式、机制等作出明确规定,

《检务公开工作细则》

鲜明回答了检察机关应当"公开什么""谁来公开""怎么公开"等基本问题,进一步拓展了检务公开的内容范围。内蒙古检务公开制度不断健全完善,为检察机关自觉接受人民群众和社会各界监督,坚持依法办案、公正司法提供了有力保障。扎实有效深化检务公开,让人民群众更好地了解检察机关、知悉检察职责与检察动态,有利于促进检察机关自觉接受外部监督,规范检察行为,推动检察权在阳光下规范运行。

(一)开通"两微一端一站",构建多层次、多角度、全覆盖的检务公开网络

全区检察机关把搭建新媒体矩阵作为提升司法公信力的手段,全面开通"两微一端一站",实时

发布检察工作动态。自治区人民检察院官方网站开设"阳光检务"专栏,及时发布工作报告、文件政策、预决算、业务流程、办案期限及权利告知、信访指南等。"服务"栏目设代表委员联络专区、案件信息公开、法律法规库和指导性案例库。全区检察机关"两微一端一站"基本承担了检察机关重大信息发布任务,为检察工作健康发展营造了良好的舆论环境。设立12309检察服务中心,拓宽了沟通渠道,扩大了检务公开覆盖面,实现了以公开促公正、以公正赢公信。

12309中国检察网

▰典型案例▰

呼和浩特市清水河县人民检察院
在润物无声中巩固民族团结之基

近年来,呼和浩特市清水河县人民检察院从群众信访、司法救助、检务公开、案件管理等方面增强履职实效,聚焦法律监督主责主业,不断提升各族群众幸福感、获得感与安全感,坚持为群众办实事、做好事、解难事,以能动履职巩固民族团结之基。

以服务赢认可,用心用情做好群众信访工作。清水河县人民检察院充分发挥12309检察服务中心面向群众的窗口作用,2021年4月,首次配备双语检察官并同步设置双语检察服务岗,使其成为12309检察服务中心的一张闪亮名片。清水河县人民检察院还把院里具有多年基层工作经验的驻村"第一书记"、精通检察业务的办案能手、善于巧解心结的心理咨询师汇集到一起,组成专门办案团队,负责接访工作。他们用心用情帮助群众解决合理诉求,以快接、快受、快办的办理效率赢得来访群众认可,实现了连续5年无"重复访"。

以"我救"促"众扶",在司法救助中释放检察温度。清水河县人民检察院坚持"一次救助,长期关怀"的多元化司法救助理念,探索建立"1+N"救助模式,联合全县9个职能部门共同出台《关于建立国家司法救助与社会救助衔接机制的意见》,积极协助推进孤儿认定、教育补贴、低保识别和兜底保障，切实帮助各民族涉案群众解决生产、生活难题。多部门合力搭建起线索互移、信息互通、对策互商工作网，多元化的司法救助为受助群体提供了长期关怀。

以公开促公正，确保司法办案在阳光下运行。清水河县人民检察院坚持以"阳光公开"提升检察服务质效，从优化律师阅卷出发，探索建立线上、线下、异地"三位一体"多元化服务机制，不仅提升了办案效率，也节约了司法资源。清水河县人民检察院还优化人民监督员制度，强化外部监督，建立听证员库，让听证

员以人民视角参与司法办案，以人民监督促进司法公正；同时，积极引导犯罪嫌疑人及其家属使用12309案件程序信息查询服务平台，做到全时全程信息公开，真正实现"阳光办案"。

> 以监督提质效，用智慧案管把住案件质量关。清水河县人民检察院在案件监督管理上下苦功，构建科学的数据分析、精准的流程监控、全面的案件质量评查"三位一体"监督体系，每周发出流程监控预警通知，每月召开业务数据分析研判会，每季度组织案件质量评查，把好案件"进出关"，以动态、全面、实时的流程监控，对重点案件做好归档前的"质量体检"。
>
> 文章来源：《内蒙古清水河：在润物无声中巩固民族团结之基》《检察日报》2022年12月22日（有改动）

（二）突出数据基础地位，构建全覆盖、多层次、立体化检务公开格局

自治区人民检察院在开展数字检察工作中坚持突出数据的基础地位，搭建数据治理平台，通过激活数据资源，做实数据治理、聚合、管理和应用，坚持"眼睛向内"，盘活检察机关"沉睡数据"。截至2023年底，全国检察业务应用系统上线以来，自治区检察机关已受理案件160余万件，积累案卡、文书、卷宗数据约170TB，整合12309检察服务中心、

检察案例库、检察文书库、检察档案等，汇聚与优化法律监督数据池。自治区人民检察院利用已有数据建设数据治理平台，为全区检察机关提供服务，在夯实数据整合基础上下功夫，通过落实最高人民检察院党组提出的"四个一网"部署，将全区检察机关的检察数据铺在"一张网"上，为实现数据的充分共享和挖掘应用打牢基础。

在深挖内部数据潜力的同时积极向外拓展，打通外部数据壁垒，与有关部门沟通协调，推动建立协作共享机制，逐步解决"数据孤岛"问题。与自治区人力资源和社会保障厅等部门建立社会保险基金管理风险防控数据共享比对工作机制，与自治区公安厅、呼和浩特市人民银行签订《数据线上查询、线索流转合作协议》等。对外部数据坚持"不求所有，但求所用"。通辽市科尔沁区人民检察院打破数据"拿来主义"，健全完善侦查监督与协作配合机制，将多维侦查监督模型嵌入公安机关内网，实现数据的碰撞、比对和分析。全区各级检察院办理重大案件所需的特殊数据通过定向协调来获取。在开展数字检察工作中，各级检察院多措并举全面筑牢网络安全防线，切实守住数据安全底线，确保数据在获取、应用、存储、移动、交换、删除等环节安全可靠。

（三）顺应数字发展趋势，推动检务公开智慧升级

全区检察机关顺应数字时代发展趋势，应势而动，大力实施数字检察战略，把数字检察工作作为前瞻性、基础性工作来抓，以数字赋能监督，以监督促进治理，不断推动新时代法律监督提质增效。运用数字检察思维，进一步深度研发应用检察办公系统、队伍管理系统、检务保障系统、为民服务系统、决策支持系统和远程视频系统，探索开展互

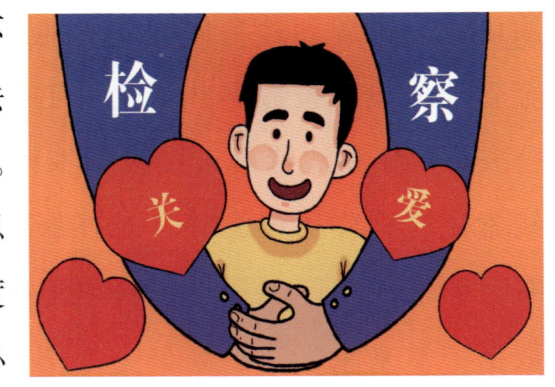

联网办公办案，不断提升检察工作现代化水平。

全区检察机关还将开展数字检察办案与专项活动有机融合。自治区人民检察院将满洲里市人民检察院研发的"涉国边境违法犯罪漏罪漏犯大数据法律监督模型"纳入《内蒙古检察机关"沿边口岸检察统一行动"实施方案》，并与自治区公安厅联合将该模型纳入"双重户籍"骗办出入境证件偷越国边境违法犯罪专项工作中；将通辽市科尔沁区人民检察院研发的"多维侦查监督数据模型"纳入刑事检察"三高两低"问题治理统一行动（"三高"即无罪判决率高、免处刑罚率高、撤回起诉率高，"两低"即监督立案率低、抗诉采纳率低）。

2023年以来，全区检察机关已落地应用模型175个，其中10个模型在全区范围内推广应用。报送20个模型参加2023年全国检察机关大数据法律监督模型竞赛，其中5个模型入围复评，3个模型获奖（1个模型获一等奖，2个模型获三等奖）。截至2023年底，全区检察机关大数据法律监督模型建模发现推送监督线索134114条，研判后线索核查11222条，监督成案4551件，监督纠正案件3606件，挽回经济损失4800余万元，制发检察建议书884份，推动建章立制60件，在促进责任单位协同治理、被监督单位自查整改、政策法规修订完善等方面贡献了内蒙古检察力量。

典型案例

内蒙古大数据法律监督模型建设成效初显

近年来，帮助信息网络犯罪活动罪已经成为我国刑事案件起诉人数占比第三的罪名，并且，低龄化、大量学生涉案的特征极其明显。鄂尔多斯市东胜区人民检察院构建了"在校学生异常电话卡法律监督模型"，同步实现严厉打击电信网络犯罪及关联犯罪行为和保护未成年人两大目标。将电话卡"小切口"与"1+N"开放性模式相结合，对未成年人罪错行为分级分类干预、政校企司形成保护合力作出了积极有益的探索。

聚焦道路交通安全和运输执法领域群众反映强烈的问题，针对法院刑事判决送达不严谨、公安交管部门处罚不及时、车管所处罚执行不到位三大梗阻，呼和浩特市人民检察院构建了"道路交通行政执法与刑事司法反向衔接法律监督模型"，着力解决乱执法、选择性执法等问题，保障人民群众的出行安全和财产权益。经过半年努力，全市伤亡人数、道路交通刑事案件数等均大幅下降，财产损失也大幅减少，全市道路交通事故频发、多发的势头得到遏制。

围绕筑牢我国北方重要生态安全屏障，呼和浩特市人民检察院研发了"检察公益诉讼助力黄河流域生态功能治理监督模型"，基于特有的监督路径和数据比对方法，将监督点从关注黄河沿岸土地性质界定矛盾，拓展到河道治理、文物遗产保护等方面，进一步拓宽了建模思路，拓展了监督领域。

基于法律监督主责主业，鄂尔多斯市杭锦旗人民检察院研发了"人民法院不当适用简易程序监督模型"，依托该模型成功办理了一批案件，针对法院简易程序公告送达迟缓，当事人人数众多、诉讼标的过高、无依据扣审拖延办案等情形，制发类案检察建议11份。创新会签简易程序审理民事案件工作机制，有效纠正法院存在的不当扣除审限、变相延长审查期限等隐蔽问题，推动类似问题得到根本解决。

"涉铁路安全及铁路周边生态环境保护监督模型"由呼和浩特铁路运输检察分院研发。该模型紧盯影响铁路安全的"异物挂网"等多发易发问题，依据办案找数据用数据，办理危害铁路安全公益诉讼案件90件，发现公安机关"以罚代刑"刑事立案监督线索26件。通过模型监督办案，推动多方力量投入30余万元清理农膜，影响行车安全事件数量降低70%。

文章来源：《全区大数据法律监督模型建设成效初显》内蒙古自治区人民检察院网站（有改动）

（四）积极开展公开听证，助力检务公开取得实效

全区检察机关召开公开听证会，邀请听证员参与听证，这是检察机关主动接受群众监督，以公开促公信的重要方式。通过召开检察公开听证会，让

当事人和案外人进一步了解检察机关办案过程和处理原因，进一步强化检务公开，更好回应人民群众对公平正义可感知的要求，目前已实现全区各级院、各业务条线听证全覆盖。自治区人民检察院机关领导干部带头主持疑难复杂案件听证已成为常态，不仅推动案件优质高效办理，更能发现、解决检察监督办案中的深层次问题，更实、更优化解社会矛盾，维护公平正义。自治区人民检察院党组成员带头对疑难信访案件开展听证，民事、行政检察部门负责人主动开展听证，实现了自治区人民检察院本级"应听证、尽听证"。呼和浩特市、呼伦贝尔市等11个盟市院实现了检察长主持听证，各级院、各业务条线听证全覆盖。全区各级检察院纷纷深入社区街道、田间地头和草场，搭建"流动听证室"，开通"草原检察直通车"，有针对性地选择群众诉求强烈、矛盾突出的案件开展听证，在公众号发布公开听证公告，邀请媒体和人民群众广泛参与，提升公开听证实效。在办理涉企案件中，全区检察机关积极运用公开听证的方式助推企业合规审查工作顺利进行，让企业切实感受到司法温度。

典型案例

鄂尔多斯市伊金霍洛旗人民检察院某非法占用农用地不起诉检察听证案

鄂尔多斯市伊金霍洛旗人民检察院依法能动履职，在办理某公司涉嫌非法占用农用地犯罪案件中，督促该公司及时修复生态环境、开展企业合规建设，同时邀请煤炭、环保等相关部门及多家煤炭企业参加或旁听听证，以"公开听证+"的方式发挥多方参与、实质听证、社会治理作用，促进形成案件办理质效高、生态环境保护好、行业治理效果实的多赢局面。该案例入选最高人民检察院2023年度第五批检察听证典型案例。该案例的典型意义在于：

邀请听证员及专家实地走访调查，保障听证员客观准确认定事实。在听证会前，将听证从"会场"向"现场"延伸，采取与听证员共同现场走访调研方式，让其更加真实、直观地了解生态环境恢复、涉案企业经营以及合规整改等情况，林草专家为其现场解答相关专业问题，保障听证员全面了解情况，为公开听证和评议打下坚实基础。

充分保障听证员全面了解案件情况，促进公开听证实质化。介绍案情从"宣读"向"展示"变化，针对听证会前确定的重点，通过多媒体示证、专家解读等方式，全面介绍案件及证据情况。针对听证员疑问，阐明检察机关认定事实、适用法律、定罪量刑的法律依据和综合考量，确保听证员听得清、问有答、商有时，全程参与并充分履职，推动公开听证实质化、专业化，促进提升司法公信力。

注重延伸公开听证效果，深化诉源治理。坚持不就案办案、不单纯听证，做实检察听证"后半篇文章"。听证中邀请涉案企业的"同行"全程参与公开听证，为企业补上"生态环境保护"与"法治宣讲"课，使企业预防类似违法犯罪的发生，助力企业做大做强。听证后向地方党委报告、向政府通报办案情况，以检察履职参与社会治理，促进煤炭行业从以往的"重利益、轻环保"到大力建设"绿色矿山",实现生态、经济、社会效益的有机统一,助力地方经济社会高质量发展。

文章来源:《第五批检察听证典型案例》中华人民共和国最高人民检察院网站(有改动)

三、人民公安建立常态长效机制,深化执法规范化建设

深化公安执法规范化建设,在整个公安工作中居于全局性、基础性地位,对全面推进依法治国具有十分重要的作用。2016年9月,中共中央办公厅、国务院办公厅印发《关于深化公安执法规范化建设的意见》,提出构建完备的执法制度体系、规范的执法办案体系、系统的执法管理体系、实战的执法培训体系、有力的执法保障体系,实现执法队伍专业化、执法行为标准化、执法管理系统化、执法流程信息化,保障执法质量和执法公信力不断提高,全面建设法治公安。2021年5月,公安部印发了《关于深入推进公

安执法监督管理机制改革的意见》,对构建系统严密、运行高效的公安执法监督管理体系,提升严格规范公正文明执法水平提出了明确要求。近年来,全区公安机关坚持不懈、持之以恒地狠抓执法规范化建设,无论是在法治观念、群众观念和执法理念、执法能力上,还是在权力运行、管理监督和执法质量、执法公信力上,都有了明显提升。

(一)坚持问题导向、民意导向,依法及时公开警务工作

按照"公正、公平、合法、便民"和"公开为常态,不公开为例外"的政府信息公开原则,推进决策公开、执行公开、管理公开、服务公开、结果公开。除法律法规规定不能公开的事项外,凡与公安工作相关的涉及公民、法人或者其他社会组织切身利益的,需要社会公众广泛知晓或者参与的,反映公安机关机构设置、职能、办事程序等情况的,以及其他依照法律法规和国家有关规定应当主动公开的政府信息,均予以公开,把公安执法和管理工作置于广大

人民群众的监督之下。推动全区公安机关警务主动公开意识明显增强,"两微一端"等新媒体传播集群建成并形成规模效应,新闻发言人及重大新闻事件主动发布,热点舆情回应制度更加通畅,警务公开内容不断丰富拓展,警务公开的权威性、时效性显著增强,公安机关公信力、为民办实事能力进一步提升。

(二)加强制度建设、监督管理,规范执法权力运行

全区公安机关紧盯执法关键环节,加强对执法活动的监督管理,推进执法责任体系改革,努力使执法权力在法治轨道上规范运行。一是积极推进受案立案制度改革。自治区公安厅加强执法源头管理,出台专门意见,推行受案立案制度改革,全面规范受案立案工作流程,加强监督管理。全区多地增设案件管理机构。各地通过警情回访、受案立案巡查、对不予立案决定复议复核等方式,着力解决报案不接、接案后不受案不立案、违

公安部举报中心网页入口

法受案立案等突出问题。二是健全完善法制审核制度。积极推进由公安机关法制部门对刑事案件重点执法环节进行统一审核、统一对接检察机关的"两统一"改革，在办案任务量大的执法勤务机构和派出所推行派驻、专职法制员制度，严把案件办理质量关。三是强化执法责任体系建设。全面落实执法责任制，健全完善公安机关执法质量考核评议和执法过错责任追究机制，实行办案质量终身负责制和错案责任倒查问责制，构建有权必有责、滥权必追责的执法责任体系，促进民警认真履行职责，保障宪法法律的有效实施。四是增强内外执法监督合力。持续推进执法监督管理委员会建设，依托全国范围内建立运行的12389投诉平台，深化"阳光警务"机制改革，依法接受检察机关法律监督，自觉接受社会各方面监督，确保执法活动公开公正。

（三）着力改革创新、全程把控，不断提升执法质效

全区公安机关不断加强执法方式方法改革创新，

充分运用刚性的监督管理工具、手段，提升执法质效。一是全面推行网上办案。统一接入全区警务综合信息平台，常态化开展网上办案，加强同步监督管理，实现执法信息网上记载、执法文书网上生成、执法质量网上考评、执法问题网上预警，办案活动走上"流水线""单行道"，执法办案更加透明规范，执法监督更加智能精准。二是建立健全执法全流程记录制度。以"执法留痕、闭环管理"为切入点，为民警全面配备现场执法记录仪等设备，综合运用多种记录方式，实现网上与网下记录相结合、文字与视音频记录相补充，对从接报案到案件办结的执法办案各领域、各环节进行记录，形成对执法活动的全过程留痕、可回溯管理。三是规范涉案财物管理。建设涉案财物专门管理场所，实行案件办理与财物管理分离机制，并建立运行信息管理系统，对涉案财物流转全过程进行实时动态监督管理。四是规范建设执法办案场所。完成执法办案场所规范化改造，重点将办案区与其他功能区物理隔离，并严格使用管理，强化安全保障。同时推动建设集执法办案、监督管理、服务保障等多功能于一体的"一站式"执法办案管理中心。

> **典型案例**
>
> **聚焦智慧法治公安建设**
> **着力打造"样板式"执法办案管理中心**
>
> 近年来，鄂尔多斯市公安局东胜分局深入学习贯彻习近平法治思想，按照"安全、规范、集约、智能、高效"的原则，强力推进县级公安机关执法办案管理中心建设，精心走好"管、智、拓、融"四步棋，高标准打造"全区领先、全国一流"的执法办案管理中心"东胜样本"，先后获评"全国公安机关执法示范单位""全国公安机关建设应用成效突出执法办案管理中心"等称号。
>
> 聚焦主责担当，在"管"字上求突破。在全区率先推行"独立建制、集约运行"案管模式，成立专职管理队伍，为办案部门提供24小时"管家式"服务。

聚焦执法效能,在"智"字上下功夫。突出智能化引领,充分运用办案自助终端、智能审讯系统、人脸识别、三维地图等科技手段,实现对案件的全流程、闭环式、可回溯监督管理。

聚焦要素保障,在"拓"字上见实效。积极构建"4+N""五位一体"发展新模式,以执法需求为导向,创新服务阵地,延伸服务触角,将执法规范化建设向纵深推进。

聚焦创新驱动,在"融"字上做文章。实现了"警种融合、政法融合、警医融合"三大资源融合共享。

中心启用以来,日均看护嫌疑人30人次以上、送拘嫌疑人15人以上,累计看护嫌疑人11278人次、送拘嫌疑人4272人、信息采集6465人、毒品尿样检测7333人,实现执法办案零违纪、零事故、零投诉。

文章来源:"平安东胜"公众号(有改动)

四、司法行政"阳光三务",构建"透明"法律服务体系

为推动司法行政工作高质量发展,打造模范机关,增强工作透明度,拓宽监督渠道,防范"微腐败",净化政治生态,扎实推进全区司法行政系统治理体系和治理能力现代化,按照《内蒙古自治区党委办公厅 自治区人民政府办公厅印发〈关于全面推进政务公开工作的实施意见〉的通知》,自治区司法厅印发《内蒙古自治区直属司法行政系统"三务"公开工作实施方案》,深入推进全区直属司法行政系统党务、政务、事务"三务"公开工作规范化、制度化、程序化,构建"阳光三务"公开体系,实现上级监督有载体、内部监督有抓手、社会监督有途径,促进公共权力在阳光下运行。

(一)纵向到底、横向到边,实现"三务"公开全覆盖

加大对人民群众关心的惠民政策及相关法律法

规等内容的公开力度，群众关心关注什么就公开什么，打通社会监督的"最后一公里"。赤峰市、通辽市、乌海市聚焦公证办理"难慢繁"等问题，制定并公布"三务"公开细化清单，及时向群众公开解决方案及解决进度，积极回应群众关切和意见反馈，解决好群众办事过程中遇到的痛点、难点和堵点问题，凸显"三务"公开服务社会职能。同时通过线上、线下、投屏滚动等形式，实现"三务"公开"上墙＋上网"同步推进，打造"三务"公开工作3D模式。在门户网站和公众号等平台设置"公开信息指南""工作动态""通知公告""政策解读"等公开专栏。在机关楼大厅设置"三务"公开栏，及时进行更新。设立"厅长信箱""局长信箱""监狱长信箱"，畅通沟通渠道，及时转办答复。

（二）"三台融合"、数据融合，实现公共法律服务信息化

2023年5月，自治区司法厅举办全区"三台融合"平台正式运行暨公共法律服务实体平台信息化应用培训班,开启实体、热线、网络三大平台的数据传送汇总,并组织各级实体平台全面实现工作信息和服务信息录入。同时,开展实体平台实时监控和考核评价工作,着力运用"三台融合"的统计分析、人员管理、"好差评"等综合性应用功能,切实提升实体平台服务质效。

(三)"全区通办"、一网通办,推进高频公证事项线下通办

推进高频公证事项线下"全区通办"工作,统一申请材料、审核要点,开启委托、声明等14项国内、涉外公证事项"全区通办"工作,推动政务服务不断提档升级,实现公证服务"减证明""少跑腿""提质效"的良好效果,提升人民群众的法治获得感、幸福感和满意度。同时,持续提升涉外法律服务水平。积极推进海外远程视频工作,全区已有11家公证机构被司法部确定为海外远程视频公证试点机构。深入开展公证与领事认证"手拉手"便民服务活动,推动建立与自治区外事主管部门、自治区公证协会涉外管理工作联系机制，有效提升公证与领事认证"一站式"服务水平，提升涉外法律服务能力。

（四）狱务公开、"阳光执法"，提升监狱执法公信力

狱务公开是刑罚执行工作的重要组成部分，是监狱依法履行职责、接受监督的具体体现。自2001年10月司法部决定在全国监狱系统推行狱务公开以来，全区监狱系统公开监狱执法的依据、过程和结果，自觉接受社会监督，使人民群众切实感受到监狱严格规范、公正文明的执法形象。

为深化政务公开工作，自治区监狱管理局创新形式，加大政务公开宣传力度。一是落实罪犯权利义务告知制度。在罪犯入监后，通过入监教育、发放罪犯服刑指导或罪犯权利义务告知书等方式，及时告知罪犯所享有的权利和应履行的义务，切实保障罪犯的合法权益。二是强化公示制度。要求监狱严格依法对罪犯计分考评、分级处遇、行政奖惩、立功、重大立功表现、提请减刑、假释和办理暂予

监外执行等信息进行公示,并及时处理狱务公开对象对公示内容提出的异议。三是健全完善执法监督员聘任制度。邀请执法监督员列席在社会上有重大影响或社会关注度较高的减刑、假释、暂予监外执行案件评审会议或者参与旁听罪犯减刑、假释案件的开庭审理。四是建立完善门户网站和执法办案平

台工作制度。各地监狱管理机关设立门户网站，除公开监狱提请罪犯减刑、假释建议书和暂予监外执行决定书外，其他向社会公开的信息都在门户网站上公开发布，并逐步开发网上咨询和自助查询功能，将门户网站打造成深化狱务公开的重要载体。加强罪犯减刑、假释、暂予监外执行办案平台建设，逐步实现刑罚执行工作网上录入、网上办理、网上公开、网上监督和网上考核，做到全程留痕，最大限度地减少和防止人为的不规范因素。五是采取"线上＋线下"方式丰富政务公开形式。运用微信、官网等新媒体平台，让服刑人员家属和群众获取信息更便捷。同时结合"智慧监狱"建设，与法院、检察院协调推进网上办案平台的建设和应用，实现案件信息共享、办案全程留痕。

经验分享

6 年探索实践

杭州互联网法院如何"网"出新时代

2017 年 6 月 26 日,中央全面深化改革领导小组第三十六次会议审议通过了《关于设立杭州互联网法院的方案》。同年 8 月 18 日,杭州互联网法院揭牌成立。杭州互联网法院的设立,是世界司法制度发展史上的一大创举,被誉为"司法领域里程碑式的事件"。它不是简单的"互联网+司法",而是让法官办案从形式到内容、从手段到对象都发生了全面深刻的变革。

集中管辖体系下,办案有了新"解法"。杭州互联网法院集中管辖特定类型涉互联网案件,6 年来,共收到立案申请 205487 件,有近 2/3 的案子用互联网方式化解在诉前,仅 1/3 要通过开庭、裁判的审判流程解决。诉前怎么"解"?依靠大数据,互联网法院与行政执法、人民调解、公证机关建立起无缝数据对接,构建起一个以法院为终端、漏斗型的在线矛盾纠纷多元化解体系。在集中管辖体系下,互联网法院统一类案法律适用标准和裁判尺度,并由此研发出智能化的审判辅助工具,也就是"算法"。如一个案件到了互联网法院,"算法"还能为双方当事人"算"出最优调解方案。

突破时空限制,打官司像网络购物一样便捷。互联网24小时"不打烊",法院也是。在这里,打官司"零在途时间""零差旅费用"。用时短,涉互联网纠纷标的不大,当事人对时效的要求非常高,互联网法院设立后,平均开庭时间仅32分钟,在线庭审率98.2%、电子送达成功率92.9%,有效回应了社会需求;年轻化,在所有当事人中,29~39岁的年轻人占46.2%,40~50岁的中年人占22.9%;"熬夜党",申请立案的高峰时段是在凌晨1点到2点,白天的第一波高峰则出现在下午4点到6点,当事人可以在业余时间实现网上诉讼。2017年8月18日,杭州互联网法院审理了第一案——《后宫甄嬛传》作者状告网易侵犯其作品信息网络传播权纠纷。一个屏幕,半个小时,案件审理完毕。

"出圈"的案子多,大案要案也多。互联网的复杂多样,必然带来治理的复杂。6年来,杭州互联网法院的案件数量逐年增长,涉及法律问题新型、复杂、疑难,首案多、要案也多，一批典型案例发挥了定标尺、明边界、促治理的审判职能作用，推动网络空间治理法治化。其中，有43个案件被写入最高人民法院发布的各类报告，入选典型案例并获奖。如平等就业权纠纷案，旗帜鲜明地否定就业歧视行为，入选最高人民法院发布的第32批指导性案例，被写入2022年最高人民法院工作报告。

文章来源：中国长安网（有改动）

第二节　严格执法　公正司法

习近平总书记指出，"经过长期努力，中国特色社会主义法律体系已经形成，我们国家和社会生活各方面总体上实现了有法可依"。现在，法治建设的工作重点应该是保证法律实施，只有做到有法必依、执法必严、违法必究，才能有效保障全社会守信践诺，守好诚信"最后一道防线"。如果制定的法律不能有效实施，那么再多的法律也是一纸空文，依法治国就会成为一句空话。当前，全面依法治国、推进诚信建设的核心就是法律的有效实施。政法机关作为执法司法的主体，能否做到严格执法、公正司法，是实施依法治国、建设诚信中国的关键。

内蒙古政法机关把握法治发展的规律要求，锚定司法公信建设的核心，突出严格执法、公正司法，让执法司法权在制度的笼子里运行。顺应互联网时代要求，变被动为主动，尽最大可能接受人民群众的监督。严格执法、公正司法，提升司法公信力，不能忽略整个社会特别是政法人员的道德建设。内蒙古政法机关按照习近平总书记提出的"坚持依法治国和以德治国相结合"的要求，在加强外部制度约束和监督的同时，持续加强政法队伍教育监督管理，全面提高政法队伍廉洁自律水平。

一、加强审判能力建设，发挥司法裁决效能

将审判能力建设作为基础性工作。2018年以来，自治区高级人民法院在全国法院系统内率先完成280余万字的《人民法院办案程序指引》的编写工作，编写涵盖刑事、民事、行政、执行等领域共19个案由的《内蒙古法院裁判规则指引参考》，建立包含3.8万篇行政裁判文书及典型案例的行政诉讼案例数据库。通过聚焦聚力审判能力建设，全区法院案件审理程序标准化、规范化水平进一步提升，反映裁判尺度和法律适用统一的二审改判数、发回重审数明显下降。建立类案、串案、新类型案件研判机制，开展多种形式的案件评查，优化审判质效评价体系，

因时因势研判指导,确保案件质量。

全面落实司法责任制。完善审判权责清单制度,落实差错案件责任追究制度,确保"让审理者裁判,由裁判者负责"。深化司法制约监督体系建设,围绕审判工作事前、事中、事后三个环节,出台院庭长办案、案件质量评查等20余项审判管理制度,全面落实院庭长审判监督管理职责,建立"四类案件"识别监管平台,做到放权不放任,用权受监督。建立单独职务序列的司法人员管理制度,遴选员额法官4批次1589人充实办案一线,推进院庭长办案常态化,让法官专注于审判、回归办案。2018年至今,全区法院人均办案数从169件上升至226件,机制优势充分显现。统筹内部管理机制建设,推进三级法院审级职能定位改革,一半以上的冗余机构得以精简,内部管理更加顺畅高效。健全司法人员依法履职保障制度,工资、津贴等与法官等级相匹配的职业保障体系基本建立,激励法院干警多办案、办好案。

发挥行政审判职能作用。在全国率先出台《行政诉讼中一并审理相关民事争议指导意见》，优化资源配置，提高诉讼效率，减少当事人诉累，大量行政争议得到实质性化解，有效促进案结事了。监督支持行政机关依法行政，发布《行政机关负责人出庭应诉白皮书》，及时通报行政机关败诉案件和行政机关负责人出庭应诉情况，全区行政机关负责人出庭应诉率达100%。延伸司法服务，建立常态化联席会议机制，发布《行政审判白皮书》《履行行政审判司法监督职能报告》。

二、严把四类诉讼关口，提升法律监督质效

严把刑事诉讼第一道关口。截至2023年底，全区检察机关与侦查机关共同设立侦查监督与协作

配合办公室118个。2023年，共监督侦查机关立案1198件、撤案729件。坚守客观公正立场，对认为确有错误的刑事裁判提出抗诉216件，法院采纳率70.7%，对不构成犯罪或证据不足的依法不批捕3340人、不起诉2439人。全面倒查1979年刑法和刑事诉讼法施行以来刑事执行案件，监督纠正违规违法减刑、假释、暂予监外执行298人。强化对计分考核、病情鉴定等关键环节的实质化审查，坚决纠防"纸面服刑"，对18个监狱、67个看守所、89个社区矫正机构、803个司法所开展新一轮巡回检察。监检协同完善线索移送、提前介入、指定管辖等衔接机制，共立案侦查司法工作人员徇私舞弊、刑讯逼供、玩忽职守等职务犯罪75人。

加强民事诉讼精准监督。深入贯彻实

施民法典，建立正副卷一并调阅制度，全面把握案情，提升监督质效。2023年，对认为确有错误的民事裁判提出监督意见407件，抗诉改变率86.1%，提诉案件采纳率84.6%，再审检察建议采纳率88.7%。持续加大民事执行监督力度，对案款发放、终结本次执行程序等开展专项监督，对执行活动违法情形提出检察建议2656件，开展"强化涉企执行监督"专项活动，提出检察意见1030件，助力破解"执行难"。连续5年开展虚假诉讼专项监督，会同公安、法院健全防范、发现、制裁工作机制，依法监督捏造事实、恶意串通的"假官司"173件，起诉虚假诉讼犯罪10件。

持续做实行政检察监督。2023年，对认为确有错误的行政裁判提出抗诉和再审检察建议17件，对行政审判和执行活动提出监督意见1363件，对检察机关作出不起诉决定但应当给予行政处罚的提出检察意见、移送主管机关处理1778件。对一些诉讼程序终结但当事人仍然不服的案件，自2019年起开展行政争议实质性化解专项监督，综合运用公开听证、司法救助、检察建议等方式，仅2023年就有效化解行政争议353件。

注重公益诉讼增量提质。2023年，立案办理公益诉讼案件6319件，提出诉前检察建议4456件，回复整改率99.1%，对检察建议未落实的提起诉讼116件，裁判支持率100%。

构建完备的行政执法和行政执法监督制度体系。修订《内蒙古自治区行政执法责任制规定》，进一步明确执法部门职责，强化行政执法责任。全面推行行政执法"三项制度"，开展全区行政执法案卷评查工作，加强基层行政执法规范化建设。

三、紧抓司法行政关键，提高法律服务水平

行政执法水平是衡量政府推进依法行政、法治政府建设质量的重要指标。针对行政执法领域仍然存在的有法不依、执法不严，交叉执法、多头执法，

随意执法、选择性执法等情况,执法力量不足,执法监督制度不健全、方法不多等问题,近年来,内蒙古主要采取了以下措施,推动全区各级司法行政机关规范、公正、文明执法。

抓住"关键少数",提升领导干部法治思维、法治意识和依法行政能力,着力解决有法不依、执法不严等问题。努力推动各级党政主要负责人积极落实《党政主要负责人履行推进法治建设第一责任人职责规定》,强化"关键少数"第一责任人意识;加强领导干部法治学习培训,推动领导干部带头学习,模范践行习近平法治思想。将行政机关负责人出庭应诉情况纳入法治政府建设的目标考核体系,督促行政机关负责人支持人民法院行政诉讼,着力提升出庭应诉率,自觉接受司法监督,强化依法行政意识。

完善制度建设,规范行政执法协调监督,着力解决立法滞后、体制机制不合理不健全等问题。推动出台《内蒙古自治区基层综合行政执法条例》,为苏木乡镇综合执法提供法律依据,规范基层综合行政执法;修订《内蒙古自治区行政执法监督条例》和《内蒙古自治区行政执法责任制规定》,健全完善行政执法程序制度,创新监督方式,强化权力制约与行政执法监督。

强化"关键环节",规范行政执法程序,着力解决随意执法、选择性执法等问题。在全区各级行政执法单位全面推行行政执法"三项制度",严格执行行政执法公示制度,加强行政执法依据、执法过程和执法结果的公开公示,接受群众监督;严格执行行政执法全过程记录制度,通过文字、音像等记录形式,对行政执法的启动、调查取证、审核决定、送达执行等全过程进行记录,促进行政执法程序规范化；严格落实重大行政执法决定法制审核制度，保证重大行政执法决定在程序上和实体上的合法性和合规性。强化信息化应用，推动行政执法"三项制度"高效执行和严格落实。着力规范行政执法行为，推动严格规范公正文明执法。

加强层级监督，做好行政复议，着力解决执法监督方法不多、措施不力、不重视落实行政责任等问题。落实行政执法常规监督，清理确认行政执法主体，落实行政执法人员资格管理和持证上岗制度，加强行政执法人员相关法律知识培训力度，提高行政执法水平；加强规范性文件备案审查监督和常态化清理；持续开展多种形式的行政执法监督检查，定期组织行政执法案卷评查。充分发挥行政复议监督依法行政、纠正违法行政、化解行政争议的主渠道作用，坚决纠正行政违法行为。推进行政复议规范化、信息化、专业化建设，提升行政复议公信力，强化复议监督实效。梳理行政复议办案过程中的共性问题，分析立法和重大行政决策的科学性和执行效果，总结并向行政机关通报行政执法薄弱环节，推动提升行政执法水平。按照中共中央关于行政复议体制改革方案的要求，有序推进全区行政复议体制改革，实现一级政府只设一个复议机构，确保行政复议的中立性和公正性。

加强队伍管理，持续推进全国统一行政执法证件换发工作，推行电子版与实体版行政执法证件并行的管理模式。加强执法考核培训，通过行政执法监督平台及"执法易通行"App，组织行政执法人员在线考试，对执法人员、执法监督人员资格进行审核确认。2022年，组织自治区本级600余名行政执法人员进行培训考试，考试通过率达到91%。

推动跨部门联合监管规范化，加大对食品药品、公共卫生、安全生产等重点领域的执法力度，对群众反映强烈的突出问题进行专项整治。持续推广柔性执法，自治区有关部门制定轻微违法行为不予行政处罚清单，修订完善行政处罚裁量权基准，明确免罚、轻罚、免予行政强制事项清单2389项。建立健全行政执法监督与刑事司法、纪检监察衔接机制。选取 148 个司法所开展苏木乡镇（街道）行政执法监督试点工作。

推进法治政府建设智能化一体平台应用工作，借助信息化手段强化对行政机关履职的全方位、全流程监督，汇聚考核、法律法规、法律服务等数据 1600 万余条，形成全区统一的司法行政数据资源库，累计汇聚数据 4800 万余条。

■ 典型案例 ■

兴安盟公安局坚持打好优化法治化
营商环境"组合拳" 护航高质量发展

一直以来，兴安盟公安局始终坚持把习近平总书记关于"法治是最好的营商环境"重要指示精神作为工作指导，深入贯彻落实自治区党委、盟委、盟行署工作部署要求和全区优化营商环境大会、全区政法机关"迎接二十大、优化法治化营商环境、服务保障高质量发展"大讨论活动动员部署会、全盟政法机关"大讨论"活动领导小组第一次会议精神，充分发挥公安机关职能作用，聚焦涉企服务、涉企问题等方面，多措并举打好优化法治化营商环境"组合拳"，护航高质量发展。

围绕涉企服务，优化政务服务事项办理流程。进一步规范行政审批事项。推动"互联网＋公安"政务服务平台建设，编制统一标准的办事指南和工作流程，承诺事项在法定时限基础上再缩减50%，即办件数量占比达到90%以上。

动态梳理行政执法权责清单。进一步优化行政权责清单，严格按照《权责清单动态调整管理办法》，准确界定公安机关行政执法权力，落实执法责任，确保权力规范公开透明运行。截至目前，共确定行政许可类46项，行政处罚类772项，行政强制类45项，行政监督检查类37项，行政确认类8项，行政奖励类

2 项，其他类 11 项。推行证明事项告知承诺制 1 项，均已在兴安盟公安局政务公开外网公开。

清理涉企业收费。进一步清理涉企收费，对治安系统收取的旅店业运维服务费进行清理，并按要求做好退费等后续工作。今后发现凡没有法律法规规章依据，由国家和自治区依法设立之外的涉企收费项目，一律取消、不得收取。

聚焦主责主业，严厉打击损害营商环境犯罪。开展知识产权宣传，严厉打击犯罪。2021 年，兴安盟公安局与市场监督管理局召开打击侵犯知识产权违法犯罪行为联席会议，进一步完善打击知识产权违法犯罪行刑衔接、联动执法等方面工作。开展"知识产权宣传周"系列活动，通过悬挂宣传条幅、发放宣传手册、解答咨询问题等多种形式，开展知识产权相关法律法规宣传活动。

严厉打击涉黑涉恶违法犯罪活动。完善工作机制，成立工作专班，开展涉黑涉恶线索评查倒查工作，建立全盟公安机关扫黑除恶专项斗争工作机制等多项制度；开展打击整治"沙霸""矿霸""村霸"等黑恶犯罪专项行动,依法严厉打击涉黑涉恶违法犯罪行为。

对涉企案件依法慎用强制措施。在采用强制措施时,对法律框架下涉案企业正常生产经营和创新研发的资金、设备等,原则上不予查封、扣押、冻结,确需查封、扣押、冻结的,为企业预留必要的资金账户,不超范围、超标的查封、扣押、冻结与案件无关的财物。对企业负责人、关键管理人员、核心技术人员涉嫌犯罪的,依法审慎采取强制措施。对检察院依法不批准逮捕的,依法予以释放或者变更强制措施。始终落实好监督责任,对执法办案部门的违规行为及时予以纠正。

准确把握法律政策界限。制定《兴安盟公安机关重大疑难案件集体讨论规定》,各办案部门准确把握罪与非罪的界限,对依法取得的证据进行审核把关,避免以刑事责任代替行政、民事责任。对违规办案导致侵犯企业合法权益的行为,依法追究办案民警的责任。

狠抓执法规范,有效避免执法问题对企业正常生产经营的影响。加强行政执法规范化建设。编制"四个流程图""四张清单",规范"一案三书"。制作公安机关行政强制措施程序流程图、行政处罚快速办理流程图、行政处罚流程图、重大执法决定法制审核流程图。共梳理不予处罚事项清单126项，从轻处罚事项清单126项，减轻处罚事项清单126项。印发《兴安盟公安局"一案三书"工作制度》，编制"信用承诺书""行政建议书"。目前，"四个流程图""四张清单""一案三书"已在兴安盟公安局政务公开外网公开。

完善信用体系建设相关工作。制定《兴安盟公安局推进诚信建设制度化实施方案》，下发《关于实施信用承诺制度的通知》《关于推进2021年社会信用体系建设不断完善"双公示"工作的通知》。在"信用中国（兴安盟）"平台录入信用承诺书。严格做到两类信息"应公开尽公开"，并将各部门上报的"双公示"信息及时录入"信用中国（兴安盟）"平台。

严格规范公安机关执法检查。进一步规范跨部门"双随机、一公开"联合执法，并将检查结果及时录入"双随机、一公开"系统面向社会公布。全面实施"检查标准化、抽查随机化、结果公开化"的监管新模式。

文章来源：内蒙古长安网（有改动）

行政执法"三项制度"

行政执法"三项制度",即行政执法公示制度、执法全过程记录制度、重大执法决定法制审核制度。行政执法"三项制度"聚焦行政执法的源头、过程和结果,将"阳光政府""服务政府""法治政府"的理念融入行政执法全过程,是深化依法治国实践的重大举措,是提升行政执法水平质量的重要制度安排,是推进法治政府建设的重要保证。

四、严格执法精准办案,维护社会治安稳定

健全机制,精准服务执法办案。结合公安队伍教育整顿,针对执法领域突出十二大项顽瘴痼疾相关问题,2021年以来,自治区公安厅持续深入推进建章立制,共建立制度规范97项。认真落实《公安机关禁止逐利执法"七项规定"》、《110接处警工作规则》(2021年修订),印发《内蒙古自治区公安机关处置失踪人员警情工作规范》《内蒙古自治

区公安机关处置非正常死亡警情操作规范（试行）》等制度。印发《电信网络诈骗案件法律法规汇编》，发布电信网络诈骗典型案例。动态调整公安机关执法权责清单，划分行政和刑事权责清单，明确权责事项，建立健全执法部门和岗位的执法责任制，确保各项执法办案活动权责清晰、依法合规。

坚决打击突出违法犯罪活动。深入开展扫黑除恶专项斗争、煤炭领域违规违法问题整治和"云剑""昆仑"等专项行动，依法严厉打击电信网络诈骗、"黄赌毒""盗抢骗"等突出违法犯罪，侦破了一批有较大社会影响的案件。深入开展"三非"外国人治理和反偷渡工作。深入推进破坏草原林地违规违法行为专项整治，有力维护生态安全。

持续推进执法规范化建设。在全区公安工作会议上印发《内蒙古公安机关深化执法规范化建设行动方案》，部署了5类20项任务措施，推动全区执法工作高质量发展。深入推动执法信息化建设，将行政执法"三项制度"嵌入执法办案系统。按照新修订的《中华人民共和国行政处罚法》规定,及时修改系统内容,更新法律文书。

完善内部执法监督。建立厅、盟市、旗县、所队四级监督管理平台,在原有法律文书记录的基础上,增加对现场执法音视频、办案环节、要素、流程的可视化智能预警,实现全流程、闭环式、可追溯监督管理。先后实现了执法办案系统四级巡查监管、执法质量网上考评、防止干预司法"三个规定"填报,并实现了与执法办案系统、110接处警系统、交警"六合一"平台的对接,从源头上解决有警不接、接警不处、有案不受、受案不立、立案不查等突出执法问题。自治区公安厅对全区行政案件进行网上周考评,规定加权成绩为年度执法质量总成绩。

健全司法监督和外部监督。印发《内蒙古自治区公安机关贯彻落实加强新时代检察机关法律监督工作的分工方案》。全区近百个三级检察院、公安机关侦查监督与协作配合办公室挂牌成立,设立4个示范办公室。进一步健全完善侦查监督与协作配合机制。严格落实行政负责人出庭应诉制度，自治区公安厅本级行政诉讼全部由分管副厅长出庭应诉。受理的投诉举报线索办结率近90%。全部办结人大代表议案、建议和政协委员提案、社情民意。

知识链接

西周时期，"中刑""中罚"就成为法律、刑罚适用的准则，司法裁判追求刑罚的适中、公正。西周铜器《牧簋》铭文中有"不中不刑"的记载。《尚书》中记载了周公的言论："兹式有慎，以列用中罚。"强调要谨慎审理案件，实现刑罚适用的恰当公正。

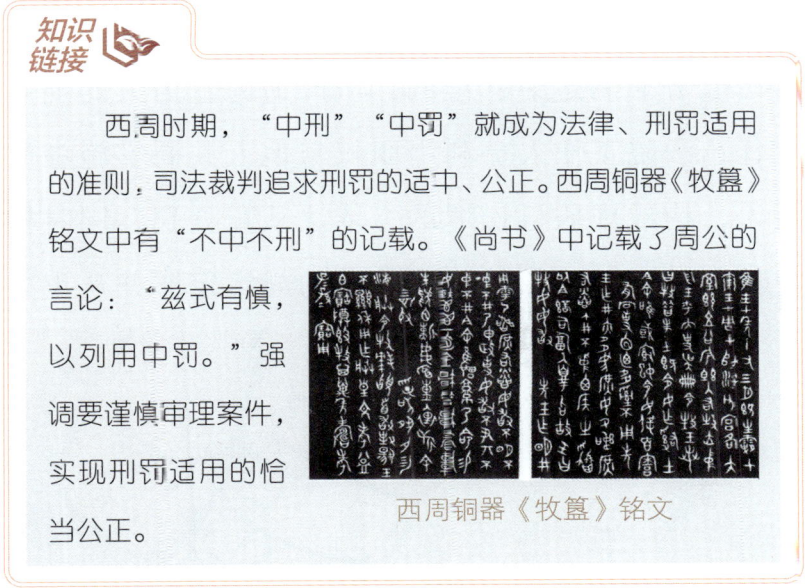

西周铜器《牧簋》铭文

五、重拳打击虚假诉讼，守护公平竞争环境

虚假诉讼是指当事人出于非法的动机和目的，利用法律赋予的诉讼权利，采取虚假的诉讼主体事

实和证据的方法来提起民事诉讼，使法院作出错误的判决裁定调解的行为。虚假诉讼败坏社会风气、妨碍公平竞争、损害司法权威、阻碍法治建设，社会影响十分恶劣。

内蒙古各级人民法院对虚假诉讼行为符合虚假诉讼罪等罪名定罪标准的，从严追究行为人的刑事责任；法院工作人员利用职权与他人共同实施虚假诉讼，构成虚假诉讼罪的，依法从重处罚，同时构成其他犯罪的，依照处罚较重的规定定罪并从重处

罚。对于多人结伙实施的虚假诉讼共同犯罪中罪责最突出的主犯，以及有虚假诉讼违法犯罪前科再次实施虚假诉讼犯罪的被告人，控制缓刑、免予刑事处罚的适用范围。针对人民群众反映强烈的"套路贷"虚假诉讼问题，及时甄别、依法严厉打击"套路贷"中的虚假诉讼违法犯罪行为，符合黑恶势力认定标准的，依法认定，保持对"套路贷"虚假诉讼违法犯罪的高压严打态势，切实维护司法秩序和人民群众合法权益，满足人民群众对公平正义的心理期待。同时明确虚假诉讼刑事案件审理法院与相关民事案件审理法院之间的信息沟通机制，以及有关人民法院及时依法启动审判监督程序纠错等工作要求。

2023年以来，内蒙古检察机关以"深化虚假诉讼监督，营造诚信社会环境"专项活动为抓手，持续加大虚假诉讼惩治力度，虚假诉讼监督效能全面提升。截至2023年底，已办结涉虚假诉讼案件195件，同比上升200%，涉案金额1.8亿元。

此外，内蒙古检察机关通过新媒体宣传、进社区、走访座谈等多种形式,向社会广泛征集案件线索,同时依托数字检察获取类案线索,搭建民事检察大数据法律监督平台,通过数据归集运用研判总结虚假诉讼规律,发现更多监督线索。

典型案例

963万元债务?
通辽市检法联手打击虚假诉讼

"感谢检察机关,让我们这个停产5年、濒临倒闭的民企重获新生。"近日,通辽宏图包装有限公司派员来到通辽市人民检察院表达感激之情。

2018年10月29日,通辽市人民检察院受理了通辽宏图包装有限公司的监督申请。通辽宏图包装有限公司认为,2018年9月28日,通辽市中级人民法院作出的由其向李某云、李某志偿还借款本息合计963万余元的判决错误,双方当事人不存在真实的债权债务关系,申请检察机关监督纠正。

通辽市人民检察院经调卷审查认为,法院的生效判决认定的基本事实缺乏证据证明。在案件审查过程中,通辽市中级人民法院依职权自行启动再审,并于2019年8月6日作出改判,判决书认为,李某云、李某志关于借款本金数额、利息计算、实际给付情况等涉及借款重要事实的虚假陈述,严重违反诉讼诚信原则,判决驳回当事人的诉讼请求。但是,对于李某云、李某志涉嫌虚假诉讼一案线索并未移送公安机关立案侦查。

通辽市人民检察院将案件交办至科尔沁区人民检察院,科尔沁区人民检察院经调查核实,认为李某云、李某志涉嫌虚假诉讼罪,依法启动刑事立案监督程序,将案件线索移交给公安机关。

2019年初,通辽市人民检察院与通辽市中级人民法院共同下发《关于开展打击虚假诉讼专项行动的通知》,并抽调全市刑事、民事业务骨干成立打击虚假诉讼专案组。截至2019年底,该市两级检察机关共发现虚假诉讼案件线索76件,向法院发出再审检察建议19份,提出抗诉1件,法院已启动再审9件,改判3件;向公安机关移送案件线索8件,公安机关立案 8 件，依法批捕 9 人。

文章来源：《963 万元债务？内蒙古通辽市：检法联手打击虚假诉讼》《检察日报》2019 年 12 月 13 日（有改动）

六、开展失信联合惩戒，营造诚实守信氛围

2017 年 2 月，自治区政府办公厅印发《内蒙古自治区人民政府关于建立完善守信联合激励和失信联合惩戒制度加快推进社会诚信建设的实施意见》（以下简称《意见》），要求各盟市、各部门要认真贯彻落实《自治区社会法人失信惩戒办法》有关规定，依法依规加快建立本地区、本领域的失信"黑名单"制度，对严重失信行为采取联合惩戒措施。

《意见》要求，对严重失信主体，各盟市、各有关部门要将其列为重点监管对象，依法依规采取行政性约束和惩戒措施。从严审核行政许可审批项目，从严控制生产许可证发放，限制新增项目审批、核准，限制区域股权交易市场挂牌、股票发行上市融资或债券发行，限制发起设立或参股金融机构以及小额贷款公司、融资担保公司、创业投资公司、互联网融资平台等机构，限制从事互联网信息服务等。严格限制申请财政性资金项目，限制参与有关公共资源交易活动，限制参与基础设施和公用事业特许经营。对严重失信企业法定代表人、主要负责人和对失信行为负有直接责任的注册执业人员等实施市场和行业禁入措施。

同时，《意见》还要求，联合惩戒措施的发起部门和实施部门应按照法律法规和政策的规定出台相关工作规程，明确各类失信行为的联合惩戒期限，并向社会公示。在规定期限内纠正失信行为、消除不良影响的，不再作为联合惩戒对象。

2020年4月，自治区发展和改革委员会、自治区住房和城乡建设厅、自治区科学技术厅、自治区工业和信息化厅、自治区司法厅等23个部门联合印发《内蒙古自治区关于对工程建设项目审批制度相关失信责任主体实施联合惩戒的合作备忘录》（以下简称《备忘录》），要求对安全生产领域、环境保护领域、电力行业、石油天然气行业、煤炭行业、房屋建筑和市政基础设施工程建筑市场及质量领域、房地产领域、人防工程建设领域等八大行业领域的失信行为实施联合惩戒。《备忘录》明确了95项联合惩戒范围，其中，安全生产领域包括依法暂停审批失信责任主体的新的重大项目申报等24项措施，环境保护领域包括限制或者禁止失信责任主体的市场准入等4项措施。《备忘录》还明确，自治区各相关部门、单位要及时报送公布相关领域失信行为的相关信息，依法依规对失信企业和失信人员实施联合惩戒。

经验分享

以法明德 这些案件审理守护公平正义

2023年8月2日,最高人民法院发布人民法院抓实公正与效率践行社会主义核心价值观典型案例,内容涉及健康权纠纷、房屋纠纷、英烈名誉维护等诸多内容。

一、施救路人却被起诉——司法保护危急时刻善意施助

2017年9月,齐某某因感觉头晕到孙某某经营的药店购买硝酸甘油,服下后出现心脏骤停现象,孙某某对其实施心肺复苏抢救。齐某某恢复意识后,由120救护车送往医院治疗,被诊断为双侧多发肋骨骨折、右肺挫伤、低钾血症。此后,齐某某提起诉讼,请求孙某某赔偿医疗费、护理费、交通费、住院伙食补助费共计9000余元。

辽宁省康平县人民法院认为,孙某某系自愿实施紧急救助行为,没有证据证明齐某某心脏骤停与服用的硝酸甘油药物有关。且孙某某具有医学从业资质,实施心肺复苏造成肋骨骨折及肺挫伤无法完全避免,其救助行为不违反诊疗规范,故孙某某作为救助人对齐某某的损害不承担民事责任。

善意施助是中华民族的传统美德。《中华人民共和国民法典》第一百八十四条规定:"因自愿实施紧急救助行为造成受助人损害的,救助人不承担民事责任。"危急时刻社会公众互帮互助的行为,不应成为拷问人心的"选择题"。本案判决符合立法本意及价值观导向,对弘扬社会主义道德风尚、践行社会主义核心价值观具有积极引导意义。

二、擅自变更房屋功能——"损人利己",必须恢复原状

在黄某等人诉刘某恢复原状纠纷案中,原告黄某等人与被告刘某签订施工合同,约定刘某可挑选一套商品房抵扣工程款。此后,刘某在案涉房屋装修过程中,将厨房改为卫生间,导致案涉房屋的卫生间正对楼下商品房的厨房。后因工程价款问题,案涉房屋未能过户到刘某名下,且基于卫生间的特殊用途,让楼下业主产生不适心理。原告黄某以影响案涉房屋再次售卖为由,向刘某提出恢复原状之诉。

江西省赣州市中级人民法院认为,根据相关规定,具有所有权或使用权的业主可对房屋内部结构和空间布局进行合理优化和改进,但业主亦应承担相应义务,包括不得实施违法改建、扩建,改变专有部分本来用途和使用目的,

以及违反当地生活习惯和风俗等不当损毁和不当使用行为。据此，判决刘某将厨房改造的卫生间恢复原状。

在相邻建筑改造过程中，权利人利用不动产实现利益是法律给予个人的自由度，但案中这种"损人利己"的装修方式有违公序良俗。人民法院依法依规合理判决，既保障相邻人之间的权利和义务，又维护社会基本单元友好关系，有助于营造和谐稳定的社会环境，弘扬守望相助、崇德修睦的邻里美德。

社会主义核心价值观是当代中国精神的集中体现，凝结着全体人民共同的价值追求。以案释法，以法明德。人民法院依法合理裁判，通过法治力量引导精神价值转化为人们的情感认同和行为习惯，为提升社会文明程度提供源源不断的精神动力和道德滋养。

文章来源：《最高法发布人民法院孤实公正与效率践行社会主义核心价值观典型案例》中华人民共和国最高人民法院网站（有改动）

知识扩展

严重失信行为

严重失信行为主要包括：严重危害人民群众身体健康和生命安全的行为，包括食品药品、生态环境、工程质量、安全生产、消防安全、强制性产品认证等领域的严重失信行为；严重破坏市场公平竞争秩序和社会正常秩序的行为，包括贿赂、逃税骗税、恶意逃废债务、恶意拖欠货款或服

务费、恶意欠薪、重大侵害劳动者权益的违法行为、非法集资、合同欺诈、传销、无证照经营、制售假冒伪劣产品

和故意侵犯知识产权、出借和借用资质投标、围标串标、虚假广告、侵害消费者或证券期货投资者合法权益、严重破坏网络空间传播秩序、聚众扰乱社会秩序等严重失信行为；拒不履行法定义务，严重影响司法机关、行政机关公信力的行为，包括当事人在司法机关、行政机关作出判决或决定后，有履行能力但拒不履行、逃避执行等严重失信行为；拒不履行国防义务，拒绝、逃避兵役，拒绝、拖延民用资源征用或者阻碍对被征用的民用资源进行改造，危害国防利益，破坏国防设施等行为。

第三节 司法执行

习近平总书记指出："推进全面依法治国，根本目的是依法保障人民权益。"这就需要执法司法中加强换位思考，下大力气解决群众关心的痛点、难点和堵点问题。司法执行的质效直接关系到审判质效，关系到个体对执法司法的感受，关系到司法公信建设。党的十八届四中全会明确提出，"切实解决执行难","依法保障胜诉当事人及时实现权益"。2016年,最高人民法院在十二届全国人大四次会议上提出,"用两到三年时间,基本解决执行难问题"。2019年,最高人民法院在十三届全国人大二次会议上正式宣布"基本解决执行难"目标如期实现。然而,"基本解决执行难"只是阶段性目标,与党中央提出的"切实解决执行难"目标和人民群众期待相比,还有差距。2019年6月,最高人民法院印发《最高人民法院关于深化执行改革健全解决执行难长效机制的意见——人民法院执行工作纲要(2019—2023)》,对巩固"基本解决执行难"成果与建立健全解决执行难长效机制提出了具体要求。

党的十八大以来,内蒙古各级人民法院认真贯彻落实中共中央关于"切实解决执行难"的决策,落实最高人民法院关于解决执行难的部署,积极探索破除执行难顽疾的新路径、新方法,全面推进执行工作体系和执行工作能力现代化,全区法院勠力同心,让更多的真金白银装进胜诉当事人的口袋,为经济社会高质量发展提供了优质的司法服务和司法保障。

一、综合治理，健全治理执行难工作格局

2010年12月，自治区人大常委会出台《关于进一步加强人民法院执行工作的决定》。2016年，自治区党委机构编制委员会办公室为自治区高级人民法院执行局增设4个处级机构，服务保障执行工作。2017年9月，自治区党委办公厅、自治区人民政府办公厅转发自治区高级人民法院《关于基本解决执行难问题的意见》。2023年11月，自治区党委政法委、自治区高级人民法院、自治区人民检察院、自治区公安厅联合出台《关于依法加强和规范公安机关协助人民法院开展执行工作的意见》，综合治理执行难工作格局逐步形成并不断完善。

《关于加强综合治理从源头切实解决执行难问题的意见》

二、科技赋能，跑出司法执行"加速度"

自治区高级人民法院坚持强化"总对总"网络执行查控系统应用与完善"点对总"网络执行查控系统建设并重，推动内蒙古银行、鄂尔多斯银行、蒙商银行、乌海银行、内蒙古自治区农村信用联合社及上述5家银行的所有村镇银行网络查询、冻结、扣划功能接入最高人民法院查控系统。

完成自治区不动产管理机构网络接入最高人民法院查控系统工作，实现了与公安机关系统连接，人口信息、住宿信息、车辆轨迹等信息的线上查控。

三、精准发力，建立完善失信惩戒系统

2014年11月，自治区高级人民法院联合21家单位建立了自治区执行联动联席会议制度，联动单位逐年增多，执行联动机制不断完善。

2015年，实现了与自治区发展和改革委员会信用

信息中心的联网，不定期向"信用中国（内蒙古）"平台推送失信被执行人名单。2019年起实现了失信被执行人名单日推送，通过"信用中国（内蒙古）"平台将失信被执行人名单信息嵌入执行联动单位工作系统，进行联合惩戒，深入推进社会诚信体系建设。

信用中国（内蒙古）

四、建章立制，强化执行规范化建设

在执行规划方面，制定《健全解决执行难长效机制的实施意见》；在执行立案方面，制定《关于立案、审判与执行工作协调运行的指引》《关于规范执行审查类案件移送、立案等工作的通知》《关于执行诉讼费用案件审立执衔接工作暂行办法》；在提高执行效率方面，制定《网络司法拍卖辅助工作管理办法（试行）》《执行指挥中心实体化运作规程》；在善意文明执行方面，制定《关于进一步规范对被执行人采取惩戒措施的意见》；在执行款物管理方面，制定《关于加强和规范执行款物管理工作若干问题的规定（试行）》；在清理执行积案方面，制定《全区法院长期未结案件监督管理办法》；在规范办案方面，制定《办案程序指引（执行卷）》《裁判规则指引参考（执行）》《关于办理财产保全案件的工作规程》《关于公证债权文书执行与不予执行的操作规程》《关于民事执行中变更、追加当事人的实施细则》《关于加强和完善涉党政机关案件执行工作机制的意见》。

五、统一机制，持续加强执行管理

建立健全"三统一"管理机制，制定《关于加强全区法院执行工作统一管理、统一指挥和统一协调的意见》《关于加强中级人民法院协同执行基层人民法院执行实施案件的实施细则》《关于全区中、基层法院执行局局长述职述廉的办法》，强化三级法院执行工作的"三统一"机制，确保全区法院执行工作政令畅通。

通过执行信息化抓管理，完善"1+2+N"执行信息化系统，自主研发上线可视化监管平台、执行实体化平台、案款职能监管平台等系统，实现对消极执行、拖延执行行为的有效监管。制定《关于依法正确适用终结本次执行程序方式结案的实施细则》，以标准化质量监督管理为抓手，统一规范财产调查范围，统一格式化约谈笔录和终本结案文书，统一终本案件结案标准，通过案件质量监督专员、执行局局长和审管办三重把关，促使终本程序合规合法，并对终本案件进行单独管理。规范终本案件办理，对恢复执行案件进行严格审查，坚持程序与实体并重，确保终本案件结案合格率达到100%。

六、暖心行动，及时兑现解民忧

探索"一体两翼"工作法，即以制定《关于加强和完善涉党政机关案件执行工作机制的意见》，推动以"涉府"执行工作规范化为主体，以法院"一把手"、班子成员、执行局三个层面责任到位以及统一管理、统一指挥、统一协调"三统一"管理到位等两个组织保障为两翼，着力构建"双通报""双预警""双督办""双约谈""双监督""双考核"等六个"双机制"监管体系，努力打造"涉府"案件执行工作新模式，推动实现"涉府"案件执行工作标本兼治，积极助力法治政府建设，优化法治化营商环境。

开展全区三级法院"草原系列"专项执行行动。2016年，全区法院"草原风暴"集中执行行动执结案件12025件，执结标的22.84亿元。2017年，全区法院"草原雷霆"集中执行行动取得预期效果。2021年，全区法院"草原雄鹰2021"集中执行行动共出动警力近3.5万人次，执结案件4万余件，执行到位73.24亿元，国家级、自治区级媒体对此进行了广泛报道，该集中执行行动入选2021年度内蒙古"十大法治事件"。

七、合力攻坚，深化执行机制改革

自治区高级人民法院为进一步深化司法体制综合配套改革，保持执行工作高水平运行，坚持问题导向，在形成执行合力上下功夫。

实体化运行执行指挥中心。制定《关于执行指挥中心实体化运作工作规程》，将各级法院执行指挥中心打造成兼具集约事务办理、繁简分流、数据监管、执行公开、指挥调度、决策分析等功能的平台，使其真正成为各级法院执行工作的管理中枢和指挥机构。

实行团队化、集约化管理。组织覆盖院长、分管副院长、全体执行干警的培训，借助执行实体化运作平台和可视化监管平台，彻底改变执行实施案件"一人包案到底"或"团队包案到底"的传统办案方式，将指挥中心实体化运行与执行团队办案模式紧密结合，提升执行工作实效。

推行试点创建工作。自治区高级人民法院执行局联合督察局对5个中院、11个基层法院的执行指挥中心实体化运作情况进行实地检查，选取53个中基层法院启动全区执行指挥中心实体化运作示范法院创建工作，全节点可监控、全流程可追溯、全过程强监管的执行案件质效管理体系已经建立并逐步完善。

八、助力攻坚，加强执行公开宣传

内蒙古各级人民法院紧紧围绕巩固"基本解决执行难"成果和推进"切实解决执行难"目标迈进工作任务，不断加强执行宣传工作，创新宣传模式，拓宽宣传渠道，扩大宣传影响，多角度发好执行声音，全方位讲好执行故事，积极营造执行舆论氛围，为执行攻坚战持续营造声势，全面展示新时代人民法院执行工作成果，增进人民群众对执行工作的了解，切实提升人民群众的司法获得感和满意度。

深挖宣传素材，扩大宣传广度。围绕"切实解决执行难"的目标，加大宣传力度，有计划、有步骤地开展执行宣传活动,通过典型案例、以案说法、答疑解惑、执法直播等方式,使"基本解决执行难"工作家喻户晓,凝聚理解执行、尊重执行、协助执行的广泛社会共识。

创新宣传模式,拓展宣传深度。不断拓展丰富宣传载体,抓住宣传时机,与各级媒体沟通,采取召开新闻发布会、典型案例集中发布、制作公益广告等群众喜闻乐见的方式开展宣传,通过电视、广播、报纸、法院网站、微博、微信及电子屏、街道横幅、社区公告栏等方式,积极宣传"基本解决执行难"的措施、经验做法。将"智慧执行"App作为宣传法院执行工作的重要平台和阵地,广泛刊载稿件,进一步强化与新闻媒体的良好协作,积极扩大宣传面,提高可接受性,促进全社会理解执行、支持执行。

拓宽宣传途径,形成宣传合力。加强与自治区党委宣传部的合作,与自治区党委宣传部联合印发《关于做好"基本解决执行难"宣传活动的通知》;与内蒙古广播电视台签订合作协议,开辟《庭审看法》《法制专线》等栏目,中院执行局局长、基层法院执行局局长做客《法治直播间》,《坚决打赢"基本解决执行难"这场硬仗——内蒙古高级法院"基本解决执行难"纪实》及执行题材动漫宣传片在内蒙古电视台播出。

典型案例

凛冬亮剑　铸信北疆
——"决胜执行难"全媒体直播首次聚焦内蒙古

2018年12月5日上午,由最高人民法院新闻局、最高人民法院执行局、内蒙古自治区高级人民法院、中央电视台社会与法频道《庭审现场》栏目主办,包头市中级人民法院、呼伦贝尔市中级人民法院协办的"凛冬亮剑·铸信北疆"内蒙古法院决胜执行难全媒体直播活动,对呼伦贝尔市海拉尔区人民法院、陈巴尔虎旗人民法院的2起执行案件和包头市两级法院"亮剑"执行专项行动进行直播。

直播在中央电视台设立主演播室,包头市和呼伦贝尔市双城同步，五路记者直击现场，两个半小时不间断直播，20余家新闻媒体参与报道，1100多万网友在线观看。11名人大代表和政协委员分别在两地见证了此次执行活动。

2018年7—11月，自治区高级人民法院"三大歼灭战"启动以来，全区共出动警力76949人次，出动车辆12205辆次，拘留被执行人3982人，罚款238.48万元，判决拒执罪7人，执行案件61223件，执结案件41285件，执结标的额109.07亿元，全面压缩失信被执行人的生存空间，营造了高压震慑态势。

文章来源：《"凛冬亮剑 铸信北疆"——"决胜执行难"全媒体直播首次聚焦内蒙古》内蒙古自治区高级人民法院切实解决执行难信息网（有改动）

第四节　法律服务行业诚信建设

习近平总书记强调："要加强统筹谋划，完善法治人才培养体系，加快发展律师、公证、司法鉴定、仲裁、调解等法律服务队伍，着力建设一支忠于党、忠于国家、忠于人民、忠于法律的社会主义法治工作队伍。"坚持建设德才兼备的高素质法治队伍是习近平法治思想的重要内容。自治区司法行政系统要求广大法治工作者拥有坚定的政治立场、真挚的为民情怀、正确的价值取向和崇高的职业追求,健全新时代职业道德准则、职业行为规范,加强职业良知、职业伦理、职业操守、职业荣誉教育,全面提升公共法律服务能力和水平,强化法律服务行业诚信建设。

法律服务与法律服务机构

法律服务是指律师、非律师法律工作者、法律专业人士(包括法人内部在职人员,退、离休政法人员等),或法律工作有关的相关机构,以其法律知识和技能,为法人或自然人实现其正当权益、提高经济效益、排除不法侵害、防范法律风险、维护自身合法权益而提供的专业活动。

法律服务机构是指面向社会提供有偿法律服务的组

> 织。设立法律服务机构，应当向司法行政部门提出申请，经司法行政部门批准。其中按照国家规定需要办理工商登记的，还须持司法行政部门的批准文件，到市场监督管理部门登记，领取营业执照。法律服务机构必须以事实为根据，以法律为准绳，恪守执业纪律和职业道德。狭义的法律服务机构包括律师事务所、公证处、司法鉴定所和基层法律服务所。

一、坚持强化保障，全面构建"六网合一"

推动出台《内蒙古自治区贯彻〈关于加快推进公共法律服务体系建设的意见〉重大举措落实方案》《内蒙古自治区"十四五"公共法律服务体系建设规划》等政策文件，强化公共法律服务体系建设顶层设计。推动将公共法律服务项目纳入各级政府民生实事，压茬推进，确保常态长效。

内蒙古自治区法律服务网（12348内蒙古法网）

大力加强公共法律服务标准化、规范化建设。推动将公共法律服务事项纳入政府购买服务目录，加强法律援助和"一村（社区）一法律顾问"等工作经费保障，全区各级政府用于购买公共法律服务的经费稳步增长。

自治区、盟市、旗县（市、区）116家公共法律服务中心全部建成并投入使用，实现了公共法律服务实体平台三级全覆盖，建成乡镇公共法律服务站990个。推进"互联网＋公共法律服务"，并与110报警服务台、12385残疾人服务热线、12338妇女维权公益热线、12320卫生计生热线、12345政务服务便民热线、12355青少年服务台等六部门建立协调联动机制，实现信息互联互通。开发4K智能机顶盒公共法律服务电视终端和司法智能终端（JIPad），拓宽法律服务渠道，将4K智能机顶盒公共法律服务电视终端、司法智能终端、微信平台、12348公共法律热线服务平台、公共法律服务大厅、公共法律服务网融为一体，构建"六网合一"的公共法律服务信息化系统。持续开展法律"六进"活动，创新打造"法治乌兰牧骑"普法金色品牌。

二、推动改革发展，提升法律服务质效

完善司法鉴定制度体系，规范开展司法鉴定机构准入评审、分类管理、鉴定人执业能力考核、诚信评价、执业保障、档案管理等工作，促进司法鉴定行业健康有序发展。2022年，组织开展全区司法鉴定机构和鉴定人全面评查工作，将评查结果作为重新核定司法鉴定机构和鉴定人执业类别的重要依据，对整改后仍不符合设立和准入条件的，依法予以注销。鼓励引导鉴定机构实现规模化发展，推动机构做大做强、做精做优。加强事中事后监管，开展"双随机、一公开"、能力验证、文书质量评查等工作，净化执业环境。加强司法鉴定机构和鉴定人名册编制、公告工作，扩充司法鉴定名册的信息量。发挥司法鉴定行政管理和行业管理的职能作用，完善投诉处理和纠纷化解机制。

推进仲裁工作改革发展。修订完善《内蒙古自治区仲裁工作管理办法》，引导各仲裁委员会推进

内部治理机制改革,加强仲裁队伍建设,不断增强仲裁工作活力。推进自治区仲裁协会建设,发挥行业协会自律性监督作用,着力提升仲裁工作公信力。

《中华人民共和国仲裁法》

推动公证参与司法辅助事务,完善公证参与调解、取证、送达、保全、执行等司法活动的程序规则。健全完善线上办理公证债权文书赋予强制执行效力的规定,优化与人民法院执行程序衔接机制,提高执行效率。

严格落实国家统一法律职业资格制度。贯彻司法部关于考试工作的相关规定,认真执行"从严治考、规范管理、热情服务"和"十个百分之百"要求,

加强协作配合，严密组织实施，有效推进考试工作标准化、规范化、信息化建设，增强优秀法治人才供给。依托自治区法治培训中心现有场地资源，在政策允许的情况下引进社会机考技术、设备，打造大规模、高标准优质法律职业资格计算化考试基地，满足考生有试可考、就近参考的需求。根据国家要求建立法律职业人员职前培训运行机制，推动建立法官、检察官、律师、公证员等法律职业人员同堂培训制度，提升法律职业人员政治素养和业务能力。

公证、公证机构与公证员

公证是公证机构根据自然人、法人或者其他组织的申请，依照法定程序对民事法律行为、有法律意义的事实和文书的真实性、合法性予以证明的活动。

公证机构是依法设立，不以营利为目的，依法独立行使公证职能、承担民事责任的证明机构。公证机构办理公证，应当遵守法律，坚持客观、公正的原则。

《中华人民共和国公证法》第十六条规定，"公证员是符合本法规定的条件，在公证机构从事公证业务的执业人员。"公证员应当遵纪守法，恪守职业道德，依法履行公证职责，保守执业秘密。

《中华人民共和国公证法》

三、保障司法公正，强化规范标准建设

健全完善律师辩护代理行为规范，充分发挥律师在刑事案件审判中的重要作用。通过线上线下培训、举办辩论赛等形式，进一步提高刑事辩护代理专业水平。健全律师执业权利保障机制，优化律师执业环境，保障律师依法履行辩护代理职责，加强与自治区高级人民法院、自治区人民检察院和自治区公安厅的工作协调，持续推动解决律师"会见难、阅卷难、调查取证难"等问题。不断完善法律援助值班律师制度，统筹实际需求和服务资源，进一步细化《法律援助值班律师工作办法》，健全值班律师

准入退出制度、服务质量考核评估制度、购买服务管理制度等配套制度。积极发挥律师在落实认罪认罚从宽制度中的作用，保障犯罪嫌疑人、被告人合法权益。认真办理死刑复核法律援助案件，积极配合自治区高级人民法院统筹做好死刑复核法律援助案件指派工作。

持续巩固深化法律服务队伍突出问题专项治理成果，健全法律服务机构和人员执业行为规范，厘清自治区、盟市、旗县三级司法行政机关行政执法职责权限，强化事中事后监管，严肃查处违法违规执业行为。加强法律服务行业职业道德建设和诚信建设，应用律师诚信信息公示平台，落实公证行业诚信监督机制，全面开展司法鉴定机构诚信等级评估工作,依法向社会披露信用记录。完善司法行政机关行政管理和法律服务行业协会自律管理相结合的管理体制,提高各行业自律管理能力。推进法律服务行业管理信息化建设,完善各类基础数据库和监督管理功能,加强法检离任人员及工作人员近亲属法律服务从业核查管理工作。

> **延伸阅读**
>
> 1.《关于常态化开展扫黑除恶斗争巩固专项斗争成果的意见》。
>
> 2.《关于加强社会主义法治文化建设的意见》。
>
> 3.《国务院关于建立完善守信联合激励和失信联合惩戒制度加快推进社会诚信建设的指导意见》。
>
> 4.《内蒙古自治区社会法人失信惩戒办法(试行)》。

第三章 司法公信建设举措

习语金句

政法系统要在更高起点上,推动改革取得新的突破性进展,加快构建优化协同高效的政法机构职能体系。要优化政法机关职权配置,构建各尽其职、配合有力、制约有效的工作体系。要推进政法机关内设机构改革,优化职能配置、机构设置、人员编制,让运行更加顺畅高效。要全面落实司法责任制,让司法人员集中精力尽好责、办好案,提高司法质量、效率、公信力。要聚焦人民群众反映强烈的突出问题,抓紧完善权力运行监督和制约机制,坚决防止执法不严、司法不公甚至执法犯法、司法腐败。要深化诉讼制度改革,推进案件繁简分流、轻重分离、快慢分道,推动大数据、人工智能等科技创新成果同司法工作深度融合。

——习近平2019年1月15—16日在中央政法工作会议上的讲话

第三章　司法公信建设举措

司法公信建设是一个系统工程，既是一个国家工程，又是一个社会工程，是法治中国、信用中国建设的重要组成部分。随着当前社会主要矛盾的变化和全面依法治区实践的不断深入，人民群众对民主、法治、公平、正义、安全、环境等方面有了新的更高期待，服务和保障经济社会高质量发展任务艰巨而繁重。2023年12月25—26日，自治区党委十一届七次全会暨全区经济工作会议强调，要聚焦完成"五大任务"，坚持稳中求进、以进促稳、先立后破，全力抓好事关高质量发展的重点任务，尤其要实施好对

全区经济发展和民生改善具有支撑性、牵引性、撬动性作用的"六个工程"。"六个工程"之一就是诚信建设工程。2024年2月21日，自治区党委书记孙绍骋在全区招商引资暨诚信建设会议上进一步强调，"要着重做好育文化、立规矩、严管理、明奖惩、兜底线的工作"，"司法机关要公正裁决涉诚信案件，提高裁判执行率，依法惩治虚假诉讼，守好诚信的'最后一道防线'"。

"法治是最好的营商环境"，大力推进司法公信建设，就是以高水平的法治实践营造自治区经济发展和民生改善所需的稳定可预期的社会环境，就是以公正高效廉洁的司法体系牵引自治区社会经济文化生活持续平稳有序向前推进，就是以各界知法守法信法的良好氛围撬动自治区经济建设和社会发展所需的内外部资源。自治区司法公信建设的目标就是通过法治环境之"善"促营商环境之"优"，以司法公信之"力"为各类创新创业主体保驾护航，从而更好发挥法治固根本、稳预期、利长远的作用，服务保障自治区两件大事，助推自治区闯新路、进中游。

一、坚持党对政法工作的绝对领导，把党的领导贯穿政法工作各方面、全过程

党的二十大报告指出，"坚持和加强党的全面领导。"坚持党的领导，是党和国家事业取得胜利的根本保证，也是做好政法工作必须遵循的根本原则。坚持党对政法工作的绝对领导，是由党的政治地位和法律地位决定的，是政法工作历史经验的基本总结，是建设更高水平的平安中国和法治中国的必然要求，更是不断提升司法公信力的根本遵循。

推动完善党委领导政法工作制度。严格执行《中国共产党政法工作条例》，推动完善党委定期研究部署政法工作制度，及时研究解决政法工作和队伍建设的重大问题；推动党委将领导和组织开展

《中国共产党政法工作条例》

政法工作情况纳入党内监督体系，定期检查考评党委政法委工作绩效；推动建立健全党委政法委、政法单位党组（党委）向同级党委请示报告工作制度；推动党委健全督促检查制度，加强对党委政法委、政法单位党组（党委）、下级党委领导、组织开展政法工作情况督促检查，必要时开展巡视巡察。

完善党委政法委领导政法工作制度。建立健全党委政法委牵头、各有关部门参加的工作协调机制，形成问题联治、工作联动的良好局面；推动各级党委政法委积极指导、支持、督促政法单位在宪法法律范围内开展工作，对政法单位党组（党委）及其成员不履行或者不正确履行职责，或者政法干警执法司法中的突出问题，予以督促整改，保障全面正确履行职责。

推动完善政法单位党组（党委）领导政法工作制度。建立健全政法单位党组（党委）在执法办案中发挥领导作用制度，确保党的路线方针政策和宪法法律正确统一实施；推动完善政法单位党组（党委）

议事规则和决策机制，提高科学民主、依法决策水平。

二、坚持以社会主义法治思想为统领，端正司法理念，筑牢司法公信价值基础

司法公信既包括司法机关获得公众信任的能力，也体现为人民群众对司法公正的客观评价。提升司法公信力要始终坚持党的领导、人民当家作主、依法治国有机统一，坚决落实习近平总书记对政法工作的重要指示，从解决群众反映突出的问题入手，筑牢司法公信价值基础。

健全学思践悟习近平法治思想常态化机制。深入学习贯彻习近平法治思想，结合履职实际，突出工作特点，着力实现司法理念、体系、机制、能力现代化，着力把好思想关，健全政法人员思想动态定期分析、分类引导等制度。

完善理论研究机制，深入研究阐释习近平法治思想的重大原创性贡献，促进丰富发展中国特色社

会主义法治理论。深化习近平法治思想引领下的中国特色社会主义法治理论研究，为推进政法工作现代化提供理论指导。

持续推进基层党组织建设，以提升组织力为重点，突出政治功能，紧密结合司法和司法运行规律，建立健全工作机制，改进方式方法，充分发挥基层党组织的战斗堡垒作用和党员先锋模范作用，提升党建工作实效。

三、深入推进司法公开制度建设，以公开促公信，畅通司法与社会公众沟通渠道

深刻理解习近平总书记提出的"让暗箱操作没有空间，让司法腐败无法藏身"的要求，充分认识推进司法公开对提升司法公信力的重大意义，努力使司法公开成为人民法院、人民检察院、人民公安、司法行政系统的常态化机制。

加强顶层设计，做好统筹协调。指导各级公

检法司切实增强主动公开意识，大力推进"阳光司法""阳光检务""阳光执法""阳光办案"。严格执行司法公开的相关规定，既依法公开相关信息，又严守国家秘密和工作秘密。尊重司法规律，制定出台推进司法公开平台建设的意见等规范性文件，明确司法公开的内容、方式和程序。不断完善司法公开平台的互动功能、服务功能和便民功能，切实回应群众关切，努力把深化司法公开变成与人民群众双向互动的过程。

创新公开载体，满足多元司法需求。积极探索司法信息公开新途径，通过网站、短信、微信等多种渠道推送司法信息，不断完善网站功能，提供全网智能化检索服务，为社会各界提供更便捷、更智能的司法服务和普法服务，更好地满足人民群众对司法公开的多样化需求。

打通数据壁垒，实现信息共享共用。持续推动内蒙古政法专网与政法大数据平台建设，打通公检法司数据壁垒，扩大信息查询范围，联网共享被执行人信息等司法数据，实现网络查控、远程指挥等功能。进一步推进"智慧法院""智慧检察""智慧公安""智慧司法服务"建设，利用信息化手段满足执法办案精准化需求，提升司法能力水平。

延伸公开功能，提升公开效果。落实"谁执法谁普法"普法责任制，通过政务公开、庭审直播、文书说理、典型案例、"公众开放日"、普法宣传等，传播法律知识，增强全民法治观念，促进形成尊法学法守法用法的良好氛围。

四、始终坚持严格执法、公正司法原则，以公平正义提升执法司法质效和公信力

"努力让人民群众在每一个司法案件中都能感受到公平正义"，严格执法、公正司法是法治建设、诚信建设的基本要求，只有严格执法、公正司法，才能坚定人民群众对法治的信仰和信心，以过硬的司法业绩传递法治"正能量"，不断提升司法

公信力。

坚持依法独立公正行使审判权、检察权、侦查权。始终把人民利益放在第一位，以事实为依据，以法律为准绳，严把案件事实关、证据关、程序关和法律适用关，做到打击犯罪与保障人权并重、程序公正与实体公正并重、严格公正廉洁执法与理性平和文明规范执法并重、司法公正与司法效率并重，坚守防止冤假错案的底线，切实守好维护公平正义的"最后一道防线"。

严格把握司法尺度，统一办案标准，坚决防止有选择性办案。平等、客观、公正地办理每一个案件、处理群众的每一个诉求，严肃查办发生在领导机关、领导干部中的犯罪案件和发生在群众身边、损害群众切身利益的各类案件，着力解决办关系案、人情案等突出问题。提高对虚假诉讼的甄别判断能力，加大对诉讼失信行为的惩戒力度。健全完善司法纠错机制,依法甄别纠正一批涉企冤错案件。开展刑事"挂案"专项清理,对滞留在侦查阶

段的涉企"挂案"逐案督办清理。持续开展执法司法质量评查,完善考评体系,定期研判评估。

顺应人民群众对公共安全、权益保障、公平正义的新期待。坚持有案必立、有案必办,依法打击各类刑事犯罪活动,特别是严厉打击涉知识产权和假冒伪劣违法犯罪。以法律监督纠正执法不严、司法不公的突出问题,加大对公安机关查办拒执犯罪有案不立、久侦不结等突出问题的监督力度,严厉

查办人民法院执行领域背后的司法人员职务犯罪，切实做到有法必依、执法必严、违法必究。

全面落实办案受到非法干预的登记、备案和上报制度。防止地方保护主义、部门保护主义干扰司法，坚决抵制办案中的干扰和阻碍。落实公检法工作人员近亲属禁业清单规定与司法工作人员离任从业规范。

五、积极适应新形势新定位,健全执行、监督、指导、联动工作机制,提高执行水平

司法执行工作事关当事人权利的兑现,事关守护公平正义的质量效率,事关社会经济秩序的行稳致远。从"基本解决执行难"到"切实解决执行难",既是政法干警对落实执行工作的自信和底气,更是对执行工作提出的更高要求,必须不断提升能力、磨砺斗志、增强本领,在苦干、巧干、细干中加大司法执行力度,彰显司法公信力。

切实巩固"基本解决执行难"成果。重点抓好未能执行的案件、特困群体为申请执行人的案件、建设领域拖欠农民工工资和工程款的案件的执行工作,并以此为突破口带动整体执行工作。依法妥善审理涉行政合同、行政允诺、行政赔偿案件,加强司法建议工作,规范政府依法诚信履约。

提升执行效率,对执行案件有序分流。根据当事人提供的财产线索适时采取强制措施,避免被执

行人恶意规避执行行为带来的不利后果，要根据具体案情对症下药、认真研判、精准施策，在依法依规的前提下兼顾执行的效率和质量。

进行机制创新，不断增强执行力度和强度。落实《关于依法加强和规范公安机关协助人民法院开展执行工作的意见》，深化执行联动机制建设，加大涉执行信息共享力度，强化执源治理制度建设，制定立案、审判与执行工作协调运行实施办法。持续开展执行攻坚行动，重点针对涉政府、涉企业、涉民生、涉金融案件，提升生效裁判执行到位率。加大联合惩戒力度，建立常态化打击拒执违法犯罪工作机制。强化对执行生效裁判的法律监督，依法维护当事人合法权益。

优化手段，增强司法执行韧度。不断强化执行工作与科技手段的有机结合，在执行工作中不断拓展信息技术手段应用领域，妥善应用司法大数据，拓展在执行中查人找物、追踪线索、查询资金的方法和途径。不断优化人员配置和案件流转机制，让执行工作在机制顺畅的环境中日臻完善。

六、以司法民主促司法公信，充分发挥陪审员、监督员作用，高度重视民意沟通工作

司法民主是人民当家作主在司法领域的具体体现。公信源自民主，民主保障公信。司法民主的目标是提升司法公信力，提升司法公信力要以司法民主为最终保障。

主动接受社会监督。不断加强与人大、政协的沟通，积极做好特邀监督员工作。进一步完善人民陪审员、人民监督员选拔任用、考核评价等

机制建设,切实保障陪审员、监督员依法履行职责。常态化开展"开放日""接待日"活动,主动接受社会各界监督。

加强民意沟通能力。按期公布年度工作报告,定期举行新闻发布会,介绍和通报工作情况、重要决策部署、典型案例等内容。

完善舆情应对机制。进一步建立健全涉法舆情应对工作机制,引导正确、理性的网络舆论导向。积极做好日常舆情收集工作,完善与涉网媒体的沟通引导机制。

加强新时代检察机关法律监督工作
在服务中国式现代化中推进检察工作现代化

——《2023—2027年检察改革工作规划》解读

《2023—2027年检察改革工作规划》是贯彻落实党的二十大精神和党中央改革部署,实施新一轮检察改革的纲领性文件。新一轮检察改革的总体目标是:以加强检察机关法律监督工作为总抓手，深化"四大检察"协同履职，深化实施数字检察战略，深化司法体制综合配套改革，全面准确落实司法责任制，全面强化对执法司法活动的制约监督，着力实现法律监督理念、体系、机制、能力现代化，高质效办好每一个案件，努力让人民群众在每一个司法案件中感受到公平正义。《2023—2027年检察改革工作规划》围绕"六大体系"部署36项改革任务。"六大体系"包括：完善坚持党对检察工作绝对领导的制度体系，切实把党的领导贯穿检察工作全过程各方面；健全检察机关能动服务大局制度体系，充分运用法治力量服务中国式现代化；全面构建检察机关法律监督现代化制度体系，强化对执法司法活动的制约监督；完善检察机关司法体制综合配套改革制度体系，全面准确落实司法责任制；构建现代化检察管理制度体系，推动检察权规范、高效、廉洁运行；健全数字检察制度体系，提升新时代法律监督质效。

七、以加强队伍建设夯基础,通过专项整治、主题教育、运行监督全面推进司法公信建设

只有做到自身正、自身净、自身硬,司法机关才能赢得公信力。要按照政治过硬、业务过硬、责任过硬、纪律过硬、作风过硬的要求,始终坚持从严不放松,努力建设信念坚定、执法为民、敢于担当、清正廉洁的司法队伍。

不断强化思想政治引领,坚持不懈推进队伍思想政治建设,加强职业道德教育,进一步坚定理想信念,坚守职业良知,筑牢严格执法、公正司法的思想根基。

深入查找和解决公检法司机关在执法司法观念、执法司法行为、执法司法作风等方面存在的与人民群众要求不相适应的突出问题,坚持真抓

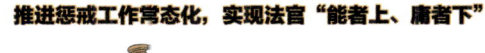

实改。加大正风肃纪力度,认真核查插手过问案件线索,优化法官、检察官惩戒委员会机构设置,修订完善章程及配套制度,推进惩戒工作常态化。坚决查处队伍中违法违纪问题,以铁的纪律和零容忍的态度确保公正廉洁司法。

从转变理念、健全机制、加强培训入手,有针对性地提高广大执法司法人员案件查办能力、诉讼监督能力、息诉化解能力、信息化应用能力、社会沟通能力、公正廉洁能力,进一步抓好队伍能力建设。

健全审判权、检察权、侦查权运行监督和制约体系，全面落实监督管理、廉政风险排查防控等机制，加强案件质量评查和督查，确保司法权力运行到哪里，监督制约就跟踪到哪里，防止司法权滥用。

下大力气改进工作作风，力戒奢侈、勤俭节约，力戒浮躁、埋头苦干，力戒空谈、真抓实干，力戒虚假、求真务实。做到说实话、办实事、求实效，以新风正气树立内蒙古司法新形象，赢得人民群众的信任和拥护。

八、坚持正确政治方向，打造诚实守信内蒙古法律服务行业队伍

公共法律服务是政府公共职能的重要组成部分，是全面依法治国的基础性、服务性和保障性工作，也是保障和改善民生、促进社会公平正义、维护社会和谐稳定、推动高质量发展的重要举措，更是司法公信建设的重要组成部分。

持续推进基本公共法律服务均等化。律师事务所、公证处、司法鉴定机构、仲裁机构、基层法律

服务所、法律援助机构、人民调解委员会等法律服务机构设置布局合理、结构优化、有序发展。各项服务的组织体系健全、阵地建设完备、业务能力大幅跃升、城乡区域间差距显著缩小，为全区各族人民共享发展成果提供有力的服务保障。

推动法律服务产品高品质多样化升级。公共法律服务供给侧结构性改革持续深入，法律服务业快速健康发展，专业能力显著增强，服务产品更加丰富，不同群体、领域多层次法律服务需求得到充分满足。

巩固扩大"智慧法律服务"新格局。进一步实现司法资源整合、有效融合，公共法律服务与数字技术深度融合，服务渠道更加通畅便捷，公共法律服务更加人性化。推动实现全区律师事务所、公证处、司法鉴定机构、仲裁机构及从业人员执业档案电子化。

强化对律师事务所、公证处、基层法律服务所等机构和人员的监督管理。规范开展准入评审、分类管理、执业能力考核、诚信评价、执业保障、档案管理等工作，搭建律师信访投诉信息平台，建立失信"黑名单"制度，并向各级人民法院、人民检察院、公安机关、市场监管部门等推送。严惩违规从业、执业行为，净化执业环境，促进公共法律服务行业健康有序发展。

目标已锚定、号角已吹响。在诚信内蒙古建设新征程上，司法公信建设要以铸牢中华民族共同体意识为工作主线，以持续优化营商环境为目标，坚持系统思维和问题导向，统筹推进法治建设与诚信建设，把公平正义贯穿到司法执法各个环节、各个领域，以公正公开高效廉洁的司法保诚信、促诚信、利诚信，以司法公信提振市场主体信心，促进正向激励和优胜劣汰，为自治区营造公平、开放、透明、规范、法治的营商环境保驾护航。

公共法律服务体系建设规划

2022年4月，自治区司法厅发布《内蒙古自治区"十四五"公共法律服务体系建设规划》（以下简称《规划》）。

——规划目标明确。《规划》指出，到2025年，基本建成覆盖城乡、便捷高效、均等普惠、智能精准的现代公共法律服务体系，产品供给丰富多样，服务手段精准高效，组织管理规范有序，工作保障坚强有力，群众多元化法律服务需求得到充分满足。《规划》提出了"十四五"时期全区公共法律服务主要发展指标。

——规划任务具体。《规划》提出，要坚持全区公共法律服务事业发展的正确政治方向，深化"互联网+公共法律服务"。推进公共法律服务事项向"蒙速办"移动政务服务平台延伸，在三大平台合理配置法律服务资源，充实服务力量,细化服务标准。

——规划重点突出。在服务全区经济社会发展上,《规划》提出,要全面对接乡村振兴战略,积极发挥律师、公证、司法鉴定、仲裁提升法治宣传教育质效,全面实施"八五"普法规划,务实推动"中俄蒙"法律服务交流,深入贯彻落实《中华人民共和国法律援助法》,积极参加和对接"1+1"中国法律援助志愿者行动,加强公证服务资源布局规划、动态调配。

——规划特色鲜明。《规划》分别在服务平台建设、强化司法所社会治理基础性作用、法治宣传教育、立法工作、队伍建设等方面提出明确目标要求。

延伸阅读》

1.《法治中国建设规划(2020—2025年)》。
2.《法治政府建设实施纲要(2021—2025年)》。
3.《法治社会建设实施纲要(2020—2025年)》。
4.《内蒙古自治区关于对工程建设项目审批制度相关失信责任主体实施联合惩戒的合作备忘录》。

5.《内蒙古自治区行政执法公示执法全过程记录重大执法决定法制审核办法》。

后 记

深入贯彻落实党的二十大精神，在全面建设社会主义现代化国家新征程上奋力谱写内蒙古发展新篇章，需要营造良好社会氛围。通过推动"一个加强、四个提升"，使全区社会信用环境持续改善，全民讲诚信、重诚信、守诚信的氛围更加浓厚，进一步把内蒙古的正面形象立起来，夯实高质量发展的信用基石，对于全面构建与自治区高质量发展相适应的社会信用体系，持续优化全区营商环境和信用环境，具有十分重要的意义。

本书在编写过程中，得到了自治区有关部门和部分单位负责同志以及专家学者的大力支持。内蒙古工业大学、内蒙古财经大学、内蒙古警察职业学院、内蒙古鸿德文理学院等牵头负责相关章节的编写工作。自治区党委政法委员会、自治区政府办公厅、自治区发展和改革委员会、自治区公安厅、自治区司法厅、自治区商务厅、自治区市场监督管理局、自治区政务服务与数据管理局、自治区高级人民法院、自治区人民检察院、自治区工商联等提出了宝贵意见。

参加本书编写工作的有（按照政务诚信篇、商务诚信篇、社会诚信篇、司法公信篇排序）：迟占霞、杨宇烨、唐雅娟，段翀、贾秀敏，霍小菲、道日娜、李漠颖，罗威丽、康恩涛。内蒙古警察职业学院院长李永林、内蒙古社科院原院长李春林对本书编写提出了宝贵意见。

符雷同志主持了本书的编写工作。王晓平、王虎审改了全部书稿。布和、李莉、杜婧、张铭同志参与了起草、修改和统稿工作。王静、王曼、董丽娟、蔺小英、孙红梅、刘那日苏、吉雅负责书稿的编辑、排版工作。

由于编者水平有限，书中难免存在不足之处，恳请读者批评指正。

本书编写组
2024 年 3 月